LA COMPRA PROFESIONAL DE MODA

De la predicción de tendencias al punto de venta

David Shaw
Dimitri Koumbis

GG®

Título original: *Fashion Buying. From Trend Forecasting to Shop Floor.*
Publicado originariamente por Fairchild Books, una división editorial de
Bloomsbury Publishing Plc

Diseño gráfico: Pony Ltd./ www.ponybox.co.uk
Traducción de Belén Herrero
Diseño de la cubierta: Toni Cabré/Editorial Gustavo Gili, SL
Fotografía de la cubierta: Leonard McLane, cortesía de Getty Images

Esta edición se publica por acuerdo con la editorial
Bloomsbury Publishing Plc

para la edición castellana:

Printed in China
ISBN: 978-84-252-2515-4

Editorial Gustavo Gili, SL
Rosselló 87-89, 08029 Barcelona, España. Tel. (+34) 93 322 81 61
Valle de Bravo 21, 53050 Naucalpan, México. Tel. (+52) 55 55 60 60 11

1980s Gordon of Philadelphi...
1980s Gord... $36.00 USD

1990s Pastel Geometric Prin...
1990s Paste... $32.00 USD

1990s Illustrated Leaf Patter...
1990s Illustr... $32.00 USD

1950s Enchantment Under t...
1950s Ench... $275.00 USD

1980s Electric Blue Snakesk...
1980s Electr... $66.00 USD

1970s Vintage Dolce & Gab...
1970s Vinta... $350.00 USD

Designer 1960s Eduardo for ...
Designer 19... $88.00 USD

1990s Cropped Classic Gue...
1990s Crop... $78.00 USD

1980s Womens Retro Chevr...
1980s Wom... $42.00 USD

Dazzling Magenta Silk Butto...
Dazzling Ma... $72.00 USD

1980s Colorful Tribal Print B...
1980s Color... $62.00 USD

1980s Bright Multicolored Sh...
1980s Brigh... $62.00 USD

1 PRESENTACIÓN DE LAS
GAMAS

El objetivo del comprador es
presentar al consumidor una
combinación de las diversas
facetas de las tendencias de
moda actuales; en este caso
se trata de siluetas vintage, en
tendencia, combinadas con
brillantes tonos neón.

ÍNDICE

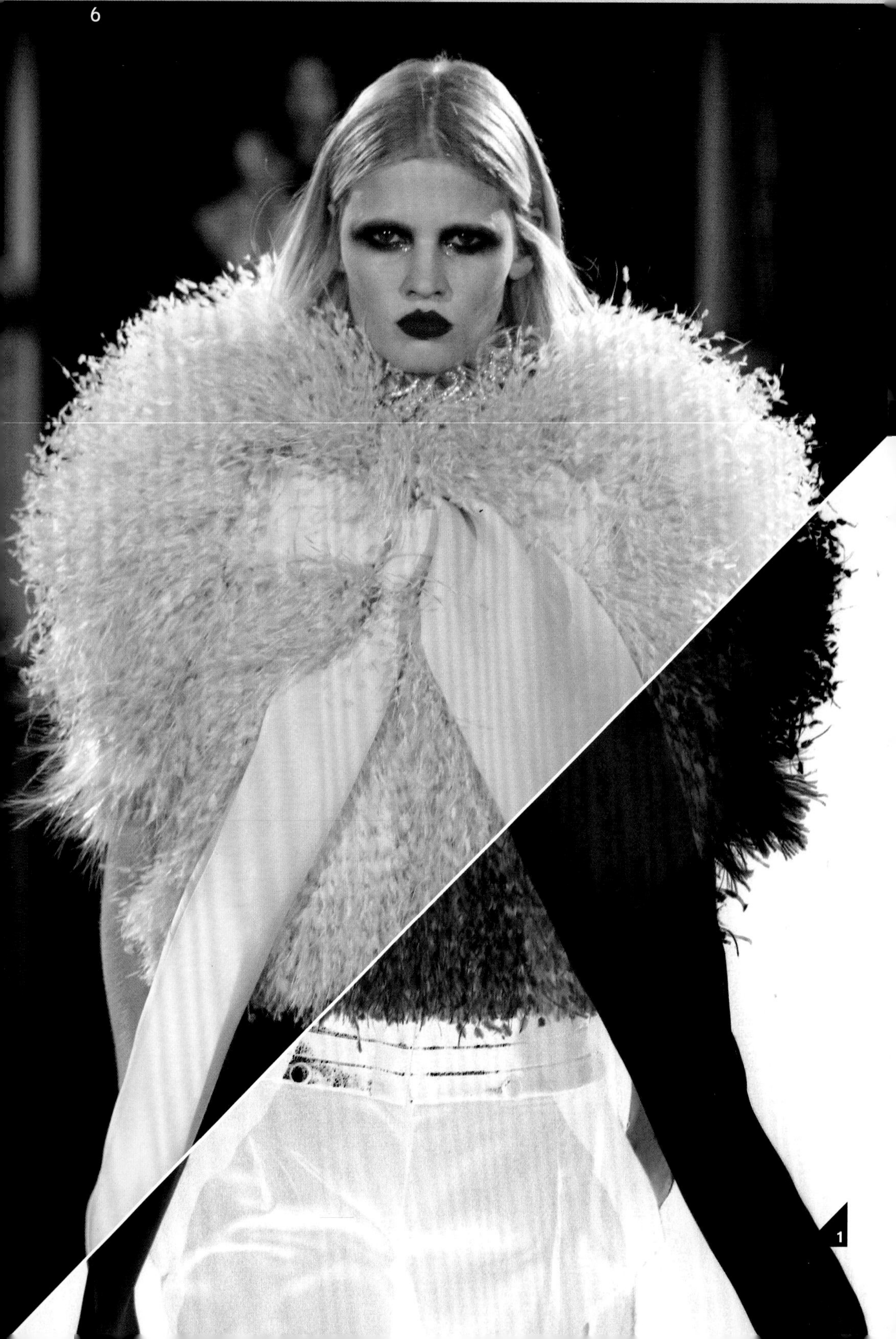

1

INTRODUCCIÓN

La profesión de comprador de moda suele considerarse una de las ocupaciones más glamurosas de la industria de la moda. A menudo, quienes se inician profesionalmente en la compra de moda lo hacen creyendo de forma errónea que su tarea consistirá en comprar las prendas que a ellos les gustaría vestir. Nada más lejos de la realidad: el comprador de moda necesita conocer en profundidad las novedades en tendencias, colores, estilos y marcas que puedan resultar atractivas para su consumidor-objetivo.

En cada nivel de negocio, la principal función del comprador de moda consiste en seleccionar aquellas líneas de mejor venta que resulten atractivas para sus clientes-objetivo y, lo que es más importante, que se vendan rápidamente y en su totalidad. El comprador, que trabaja mano a mano con el diseñador de moda y el planificador de stock, garantiza que la compañía cuente con las existencias necesarias en cada momento de la temporada y con líneas suficientes y de buena venta para cumplir con las previsiones de venta y de beneficio de la empresa.

1 PRIMAVERA/VERANO 2010

Retomando la sofisticación de Studio 54, la colección de alta costura de Riccardo Tisci para Givenchy se inspira en los primeros años de la década de 1970, como muestra esta chaqueta a modo de pompón gigante, que se completa con un maquillaje reminiscente de las bolas de espejos. En este desfile se exhibieron veintidós conjuntos en solo siete minutos.

El objetivo de este libro es explorar, desde la perspectiva del comprador, las actividades, procesos y personas que intervienen en la compra de moda. En este sector existen funciones muy diversas: desde los compradores que desarrollan marcas genéricas para distribuidores de precio económico y supermercados, hasta los que trabajan en grandes almacenes de lujo y se dedican a seleccionar gamas de producto de marcas prestigiosas. Cada nivel de compra requiere un enfoque concreto y presenta matices propios, aunque, en general, casi todos requieren del desarrollo de procesos, aptitudes y conocimientos similares, pues el único elemento variable es el cliente.

La compra de moda se divide en cinco secciones correspondientes a las diferentes actividades de compra, en las que se analizan las funciones del comprador, las fuentes de inspiración y las influencias clave en la compra de moda, la gestión y planificación de proveedores y mercancía, y la gestión de las relaciones profesionales internas y externas. Los casos prácticos que se analizan en el libro se han extraído de la vida real, es decir, de las corrientes predominantes en la compra de moda, donde se producen la mayoría de puestos de trabajo y oportunidades profesionales del sector.

"Mi objetivo es que la gente refine su estilo a través de mis prendas sin tener que convertirse en víctimas de la moda."
Giorgio Armani

Introducción

Capítulo 1

En este capítulo se describen las diversas funciones del comprador de moda; asimismo, se explica la relevancia y la trascendencia del comprador para alcanzar el éxito empresarial. Se analiza la variada e intensa naturaleza de la profesión, así como el importante papel que juegan los equipos de compra y de merchandising. También se mencionan las aptitudes, personalidad y actitud necesarias para convertirse en un comprador de moda de éxito, lo que puede resultar de utilidad para aquellos profesionales que deseen mejorar sus oportunidades en el sector.

Capítulo 2

La compra es una ocupación que requiere grandes dosis de creatividad, en parte porque los compradores de moda deben permanecer siempre atentos al panorama de la moda, en continua transformación, y en parte debido a la incesante demanda del consumidor actual, conocedor de la moda. En este capítulo se explica cómo trabajan conjuntamente comprador y diseñador, planificando y comprando incesantemente nuevas gamas de producto, a menudo anticipándose en varias temporadas al momento en que este será adquirido por el cliente. Se analiza el empleo creciente de equipos de diseño propios y de servicios de predicción de tendencias con la finalidad de desarrollar el producto adecuado, y se ofrecen sugerencias respecto a las rutas a seguir más convenientes para obtener inspiración y orientación en el ámbito de la moda.

Capítulo 3

En todo el mundo desarrollado, el producto de moda de fabricación local es cada vez más escaso, lo que obliga al comprador de moda a abastecerse de productos a nivel internacional. A medida que las demandas de los consumidores van en aumento por lo que respecta a la calidad y al precio, la habilidad para encontrar, gestionar y desarrollar relaciones empresariales con proveedores extranjeros rentables y eficientes se ha convertido en un requisito fundamental para el negocio.

El capítulo 3 se centra en la importancia de gestionar con éxito a los proveedores extranjeros, así como en las cuestiones que entran en juego a la hora de fabricar una oferta de producto adecuada en cuanto a líneas, categorías y departamentos. La edición y el control de las gamas de producto de moda es una actividad clave en la compra de moda, aunque, por descontado, a los compradores de moda les encantaría tener la posibilidad de comprar muchas más líneas que las que puede abarcar su presupuesto. Los compradores de moda cada vez se implican más en sacar el máximo partido de los productos que exhiben en tiendas y grandes almacenes. Este capítulo muestra los dilemas a los que se enfrenta el comprador de hoy en día a la hora de llevar a cabo su selección final de proveedores y gamas.

Capítulo 4

En el extraordinariamente competitivo mercado de la moda actual, la necesidad de poner en el mercado el producto adecuado al precio idóneo, en el lugar apropiado y en el momento preciso nunca había sido tan importante; la moda es uno de los mercados más despiadados. En este capítulo examinaremos cómo los grandes minoristas de moda realizan detalladas planificaciones de líneas y productos a todos los niveles para cerciorarse de que presentan al consumidor la mejor oferta que existe.

Veremos cómo la planificación de stock constituye una parte cada vez más importante de las actividades del comprador de moda y cómo el especialista en planificación de stock (también conocido como merchandiser) trabaja codo con codo con el comprador, permitiéndole concentrarse en los aspectos más creativos de la profesión.

Capítulo 5

A medida que crecen los minoristas, formulan estrategias que ayuden a la expansión de sus firmas en la dirección adecuada, y en las que se tienen en cuenta todas las partes implicadas en el proceso. En este último capítulo se introduce la expresión *responsabilidad social corporativa* y se analiza cómo el rol del comprador puede contribuir a fomentar iniciativas en este campo, tanto a nivel interno como externo. El capítulo 5 también examina diversas tendencias en la compra de moda, desde las actividades de promoción para generar demanda de artículos hasta las tecnologías que facilitan una mejor comunicación entre compradores y puntos de venta.

En cada uno de estos capítulos, el lector encontrará entrevistas con profesionales clave de la industria de la moda que pondrán en contexto y perspectiva el contenido del capítulo. Así, le ofrece una comprensión singular y detallada del sector de la compra de moda y de los retos a los que debe enfrentarse el comprador de moda en la actualidad. Los casos prácticos empresariales sirven como ejemplo de las actividades descritas; asimismo, se sugieren actividades que permiten al lector analizar las ideas que se exploran en cada capítulo.

Actualmente, el proceso de compra de moda solo es una de las fases de una larga y extremadamente compleja cadena de abastecimiento, en la que a menudo se involucra a cientos de individuos. La compra de moda es, además, una profesión muy exigente intelectualmente, ya que deben realizarse gran cantidad de actividades en períodos de tiempo muy breves, a menudo con un mercado cambiante, lo que presenta grandes complicaciones. Cualquier comprador experto puede afirmar ante el lector que la mera pasión por la moda no es suficiente para desarrollar esta profesión; el coraje, la determinación, el empuje, la dedicación y la empatía son necesarios a partes iguales.

Os deseamos buena suerte con vuestra carrera profesional como compradores de moda.

1

EL COMPRADOR DE MODA

1

A menudo, la profesión de comprador suele considerarse una de las ocupaciones más glamurosas de toda la industria de la moda. Muchas de sus facetas lo son; sin embargo, otros aspectos de la profesión requieren de una mentalidad empresarial despierta, de una gran atención por el detalle y de una determinación absoluta. La compra de moda es un mundo duro y competitivo en el que los compradores trabajan en todos los niveles de producto a lo largo y ancho de los diferentes sectores de la industria, desde las empresas de ropa económica hasta las marcas más prestigiosas.

La manera de operar de un comprador puede ser muy variada; así, el comprador de unos grandes almacenes seleccionará artículos de las gamas de marcas existentes, mientras que el comprador que trabaje para un minorista con una marca genérica de precio medio deberá desarrollar gamas exclusivas partiendo de cero. Independientemente del sector, el éxito de cualquier empresa de moda depende de la habilidad del comprador a la hora de adquirir una gama de productos distintiva que resulte atractiva para los clientes y que, al mismo tiempo, genere beneficios para la empresa minorista.

1 OTOÑO–INVIERNO 2010–11

Para la colección de prêt-à-porter de otoño de Viktor & Rolf, el dúo creó unos lujosos diseños de vanguardia para satisfacer la imperecedera fascinación del sector de la moda por el cuero y las pieles.

¿Qué es un comprador de moda?

Un comprador de moda es la persona o grupo de personas (llamado *equipo de compras*) cuya función es adquirir mercancía para una empresa minorista. Trabajan diligentemente en la investigación de tendencias, buscando materiales y/o productos, desarrollan planes de compra para la temporada y trabajan con proveedores y diseñadores externos para desarrollar una gama de productos que será distribuida a través de puntos de venta físicos, tiendas *online* y catálogos.

A menudo, los compradores de moda ejercen mayor influencia y tienen más repercusión en el éxito económico global de un negocio que los diseñadores. Aunque estos se hallan en el punto de partida de cualquier producto de moda, el comprador llevará a cabo la selección final de los productos que, en su opinión, tengan más posibilidades de generar ventas para la empresa minorista y, de paso, satisfacer los deseos y necesidades de los clientes-objetivo.

Los factores clave que delimitan el campo de acción de la profesión de comprador son tres: estructura organizativa de la empresa minorista, envergadura de la misma y surtido de productos.

Durante todo el año, los compradores trabajan continuamente con los diseñadores. Desarrollan, editan y descartan ideas, muestras y/o marcas a partir de una selección inicial, y delimitan gradualmente el número de artículos que potencialmente se incluirán en las gamas finales. Tanto si compra para su tienda como para una gran cadena, la prueba de fuego del comprador consiste en comprobar si el producto seleccionado conseguirá llegar hasta la superficie de venta y venderse a su precio total.

En realidad, un comprador nunca (o casi nunca) logra un porcentaje de éxito del cien por cien. Siempre existe algún artículo, en cualquiera de las gamas, que no se vende bien y que necesitará de una reducción en el precio para ser liquidado, lo que, a su vez, reducirá el beneficio global de la empresa.

2   LA COMPRADORA COMPRUEBA EL AJUSTE DE UNA PRENDA

El comprador trabaja junto con el diseñador a la hora de inspeccionar el ajuste de las prendas sobre el patrón, basándose en el perfil demográfico del consumidor al que se dirija el plan de compra de la temporada.

Cualificaciones y expectativas

La compra de moda es un negocio competitivo en el que los candidatos provienen de trayectorias formativas muy diversas; por otra parte, se requieren aptitudes y cualidades muy variadas para convertirse en un comprador de moda de éxito. Los profesionales de recursos humanos de la industria de la moda siempre intentan encontrar una fórmula mágica a la hora de seleccionar candidatos para el puesto de comprador; por ello, la pasión por la moda no resulta suficiente por sí misma.

El número de cursos relacionados con el diseño, fabricación, compra, marketing y gestión de la moda se ha incrementado exponencialmente a nivel internacional. Algunos se centran en la vertiente empresarial, mientras que otros están más relacionados con el diseño; sin embargo, ninguno de ellos ofrece al candidato el acceso automático a un puesto de trabajo en el sector de la compra. A menudo, una carta de presentación, un currículum sólido, la determinación personal y una entrevista convincente resultan tan importantes como contar con la formación académica adecuada. La profesión de comprador requiere de personas que:

× Sean eficientes, flexibles y positivas.
× Aporten un alto nivel de pensamiento crítico.
× Sean capaces de trabajar tanto de forma individual como en grupo.
× Sean capaces de analizar las tendencias de ventas.
× Conozcan las tendencias actuales y puedan predecir tendencias futuras para mercados variados.

2

"La moda no solo existe en los vestidos. La moda está en el cielo, en la calle. La moda tiene que ver con las ideas, con nuestra forma de vivir, con lo que sucede."
Coco Chanel

¿Qué es un comprador de moda?

El equipo de compras y su entorno de trabajo

Generalmente, un equipo de producto está formado por entre cuatro y seis personas, aunque pueden ser más o menos en función del tamaño de la empresa. El personal de compras trabaja largas jornadas para cumplir con plazos estrictos y se orienta al beneficio comercial. El equipo de ventas típico comprende los siguientes profesionales:

- × comprador
- × asistente de compras
- × administrativo de compras
- × merchandiser
- × asistente de merchandising
- × administrativo de merchandising

Algunos equipos de compra de producto tienden a ser más numerosos debido a la complejidad o a la importancia de determinada área de producto, como es el caso, por ejemplo, de los accesorios o los tops femeninos.

En el caso de los equipos de compra de los grandes grupos minoristas, la oficina de compras puede estar formada por más de cien personas. Sin embargo, con unos costes de plantilla en constante aumento, la mayor parte de las empresas tienden a buscar equipos eficientes de pocos miembros.

3   EL EQUIPO
    DE COMPRAS

Un comprador y su asistente intercambian opiniones sobre muestras de color de cara al desarrollo de nuevas líneas para la próxima temporada.

3

En el caso de los equipos de compra de los grandes grupos minoristas, la oficina de compras puede estar formada por más de cien personas. Sin embargo, con unos costes de plantilla en constante aumento, la mayor parte de las empresas tienden a buscar equipos eficientes de pocos miembros.

4

APTITUDES CLAVE PARA CONVERTIRSE EN COMPRADOR DE MODA

Lo que define al comprador perfecto es una mezcla de aptitudes profesionales y personales que varían en función del contexto empresarial y del entorno económico.

Moda
Conocimientos de moda actualizados constantemente. Habilidad para anticiparse e interpretar tendencias y looks de moda.
Gran destreza para la coordinación de gamas.

Producto
Conocimiento profundo del producto y de sus aspectos técnicos.

Características físicas
Buena percepción de los colores. Habilidad física y mental.
Gran resistencia.

Gestión
Dotes para la comunicación verbal y escrita.
Decisión.
Capacidad de organización, con gran aptitud para la gestión del tiempo.
Conocimientos de contabilidad.
Profesionalidad.
Orientación al cliente.
Dotes para la negociación.

Características personales
Motivado para alcanzar el éxito.
Entusiasmo.
Cordialidad.
Firmeza y ecuanimidad.
Sociabilidad.
Imaginación.
Meticulosidad.
Curiosidad.
Deseo constante de aprendizaje.

A menudo, el aspecto de la organización y el ambiente de una oficina de compras pueden ser un buen indicador del estado de ánimo general y de la cultura del trabajo de una empresa. Las plantas dedicadas al departamento de compras suelen ser espacios diáfanos en los que cada grupo de producto se separa de los demás por colgadores para prendas y zonas de almacenaje. En las áreas dedicadas a la compra de prendas suelen verse maniquíes, que se usan para comprobar el ajuste de las mismas. Los departamentos bien equipados cuentan con raíles metálicos en paralelo o con parrillas instalados en todas las superficies que quedan libres sobre las paredes. Las parrillas permiten que puedan colgarse las gamas o productos complejos para examinarse en conjunto.

Una iluminación adecuada (preferiblemente natural), grandes superficies de trabajo (para examinar y medir las prendas) y amplias salas de reunión proporcionan un entorno de trabajo ideal para realizar reuniones y para reflexionar y tomar decisiones a las que continuamente se enfrentan tanto el comprador como los miembros de su equipo.

4 EL INTERIOR DE UNA AJETREADA OFICINA DE COMPRAS

Los equipos de producto suelen trabajar por grupos y hasta altas horas de la noche para dar respuesta a las estrictas fechas límite que conlleva la preparación de la gama final.

¿Qué es un comprador de moda?

El trabajo con otras profesiones del sector minorista

La agenda del comprador de moda suele saturarse con multitud de reuniones a nivel interno. La mayoría de las oficinas de compra planifican reuniones semanales, mensuales y de temporada con antelación respecto a la campaña para la que están comprando, y también tienen en cuenta la planificación de viajes de compra al extranjero. En este momento, la comunicación sólida con quienes realizan otras funciones en la empresa pasa a ser fundamental para que el plan de compras de la temporada tenga éxito (y resulte rentable).

La buena reputación de un comprador en el sector es importante, ya que actúa como un embajador de la empresa. Por lo tanto, es fundamental que el comportamiento del comprador sea coherente, eficiente y cordial en todas las relaciones que establezca, manteniendo al mismo tiempo una actitud comercial, profesional y firme en todo tipo de negociaciones. El negocio de la moda gira más alrededor de las personas que del producto.

El técnico en calidad e innovación textil

A medida que aumenta el número de productos fabricados en el extranjero, los equipos técnicos de las empresas van reduciendo su tamaño. En la actualidad, su función es más la de servir como centro de gestión, con oficinas internacionales y técnicos situados en lugares remotos. Los compradores no suelen contar con formación o preparación en cuestiones técnicas, por lo que suelen depender de su técnico correspondiente para que les oriente y asesore sobre un amplio abanico de cuestiones por lo que se refiere a la idoneidad, durabilidad y fiabilidad del producto. Una óptima relación entre el comprador y el técnico resulta, por lo tanto, imprescindible.

Todas las prendas y tejidos deben testarse antes de ofrecerlos al consumidor, lo que conlleva un proceso constante de escrutinio, examen y aprobación por parte del comprador de una gran variedad de informes de prueba en el transcurso de su labor; la atención por el detalle es crucial. Utilizando normativas de calidad y rendimiento reconocidas a nivel interno, nacional e internacional, el comprador y su equipo trabajan con el técnico para garantizar que se mantienen los estándares de calidad.

5 LOS MIEMBROS DEL EQUIPO

El comprador debe trabajar con diversos colegas profesionales y actúa como intermediario entre los empleados de la empresa y los proveedores; así, agiliza y facilita la comunicación entre ellos.

COMPRADOR DE MODA

RELACIONES INTERNAS

**TÉCNICO EN CALIDAD
PLANIFICACIÓN/
DISTRIBUCIÓN
MARKETING Y BRANDING
EMPLEADOS DEL PUNTO
DE VENTA**

RELACIONES EXTERNAS

**PROVEEDORES
PRENSA Y MEDIOS
DE COMUNICACIÓN
ASOCIACIONES Y
ENTIDADES COMERCIALES
SISTEMAS EDUCATIVOS
EMPLEADOS DEL PUNTO
DE VENTA**

Planificación y distribución

Aunque estos departamentos tratan preferentemente con los empleados de merchandising, de vez en cuando los compradores de moda se ven involucrados con ambos. La importación es un área compleja y el comprador que mantenga una buena relación con este departamento conseguirá que su mercancía se expida con mayor celeridad y eficiencia. A medida que los compradores adquieren experiencia, van apareciendo los problemas inherentes a la importación; si algo tiene que salir mal, suele salir mal, habitualmente con alguna de las líneas de mayor venta.

Cuando la mercancía importada llega al centro de distribución, debe transportarse a las tiendas con la máxima celeridad posible. Aunque los merchandisers se ocupan de la gestión y del equipo del centro de distribución, los compradores experimentados lo visitan a menudo para mantener buenas relaciones con este departamento.

Marketing y branding

Las grandes empresas de moda tienen claramente definidas las funciones de marketing y branding. En algunas empresas, las actividades de estas áreas están completamente integradas en la oficina de compras, mientras que en otras se organizan en departamentos independientes. En ambos casos, el personal de estos departamentos depende del equipo de compras, que les proporciona información actualizada sobre nuevas líneas, productos con buena salida, posibles problemas y otras cuestiones que les conciernen.

Los compradores también pueden contribuir a las sesiones fotográficas, las jornadas de prensa u otras acciones externas de comunicación y marketing, aunque suele ser poco frecuente. Sin embargo, colaborar con las actividades de marketing y branding puede resultar de ayuda para el comprador, sus gamas y su rendimiento comercial.

Los proveedores de tejidos

Aunque algunas empresas disponen de su propio equipo de compra de tejidos, en las pequeñas empresas que no cuentan con un especialista el comprador puede ser el encargado de reunirse con los principales proveedores, tanto de tejidos como de prendas.

La prensa y los medios de comunicación

A los compradores se les suele pedir que se reúnan con los departamentos de prensa, publicidad o comunicación, ya que la posibilidad de que algún producto aparezca en los editoriales de moda de una revista puede disparar las ventas del mismo. El comprador debe estar preparado para compartir información con los especialistas de relaciones públicas quienes, a su vez, pueden ayudarle a redactar algún artículo o reseña (la posibilidad de presentar un producto en la sesión fotográfica de una revista puede aumentar sus ventas de una forma notable). Asimismo, durante la pretemporada se organizan presentaciones en la prensa, en las que se cuenta con la asistencia del comprador para explicar la(s) gama(s) como experto en la materia.

Las asociaciones y entidades comerciales y benéficas

Son muchas y diversas las asociaciones y organizaciones comerciales que suelen recurrir a los compradores en busca de ayuda, información o apoyo. Algunas tienen base jurídica, como los organismos reguladores del comercio y las agencias tributarias y arancelarias; otras, por el contrario, tienen una base social o de voluntariado, como las organizaciones benéficas dedicadas al comercio, local o nacional. El enfoque y la medida de sus solicitudes varían en función de cada país; como puede acreditar cualquier comprador veterano, todas esperan entrevistarse con los compradores, a quienes perciben como una figura crucial y un importante punto de contacto.

Las universidades y los centros de formación

Cada vez es más frecuente que se pida la intervención de los compradores en conferencias y diversas instituciones académicas y cursos de moda. Muchos suelen preferir sus antiguas escuelas o facultades, aunque también es posible que colaboren con otras instituciones que les proveen de estudiantes en prácticas.

◀ ¿Qué es un comprador de moda?   Enfoques de la compra de moda ▶

18

El comprador y el entorno de venta minorista

La relación del comprador con el personal de venta

Para alcanzar el éxito en los porcentajes de venta, es imprescindible mantener una buena relación con el equipo de gestión de los puntos de venta. Contar con un personal de ventas cualificado e informado es crucial para el éxito de cualquier empresa de moda. La comunicación sólida y permanente entre el equipo de compras y los puntos de venta minoristas fomentará el desarrollo de un entorno que trabaje, simultáneamente, para generar ventas y dar impulso al número de unidades adquiridas por transacción. Esta colaboración de equipos persigue un único objetivo: el beneficio.

Por regla general, los compradores experimentados dedican al menos uno o dos días a visitar varios puntos de venta para examinar sus secciones y comprobar in situ cómo se desarrollan las ventas. Esta actividad es más eficiente si se realiza durante los períodos de máxima venta, habitualmente acotados por el equipo de gestión del punto de venta según el seguimiento de ventas. En algunas zonas, este momento se produce entre el viernes y el domingo, mientras que, en otras, el pico de ventas tiene lugar cada día laborable a la hora del almuerzo.

Independientemente de las horas punta de la operación, estas visitas permiten que el comprador observe el comportamiento de compra del consumidor, y ofrece al personal de ventas la oportunidad de transmitir al comprador una valiosa información, tanto sobre los artículos más vendidos como sobre las nuevas oportunidades percibidas en la gama de productos.

Asimismo, los compradores se reúnen con los jefes de tienda para analizar sus productos desde un enfoque vertical y, por supuesto, visitan las tiendas de la competencia para examinar sus nuevas gamas. Algunas empresas minoristas programan estas visitas cada viernes. El comprador que no visite los puntos de venta con regularidad puede perder de vista la realidad del mercado y tenderá a realizar las compras de la temporada basándose en sus necesidades personales, sin tener en cuenta las del consumidor.

Para cualquier empresa de moda de éxito, es imprescindible contar con un personal de venta cualificado e informado; por eso, antes del inicio de la temporada, algunas de estas empresas envían a sus equipos de compra de gira por las principales ciudades del país para que presenten la nueva gama al personal de ventas más importante; de este modo, les proporcionan información sobre gamas de color, cambios en el ajuste de las prendas y lanzamientos de nuevas marcas.

La comunicación sólida y permanente entre el equipo de compras y los puntos de venta minoristas fomentará el desarrollo de un entorno que trabaje, simultáneamente, para generar ventas y dar impulso al número de unidades adquiridas por transacción. Esta colaboración de equipos persigue un único objetivo: el beneficio.

6

Estas presentaciones suelen realizarse en hoteles o salas de formación, y en ocasiones van acompañadas de un desfile en vivo como atracción principal, con el objetivo de formar, animar y motivar al personal de ventas con vistas a la venta de la gama de la siguiente temporada. Los directores del punto de venta también suelen acudir a estas presentaciones de temporada para analizar qué prioridades de marketing y de ventas se han establecido para la temporada próxima.

La mayoría de las empresas de moda suele distribuir entre sus puntos de venta un boletín semanal que les mantiene informados sobre problemas, promociones, cambios en las prioridades y otros asuntos relacionados con el comercio minorista. Esto resulta especialmente importante cuando un comprador necesita la ayuda del personal de ventas para dar mayor impulso a la venta de determinadas referencias en stock, en un intento por generar un mayor margen de beneficio en aquellos productos que se han comprado en grandes cantidades.

Tanto a los compradores como a los merchandisers se les suele pedir que redacten actualizaciones semanales para su departamento a principios de semana; los asuntos a tratar pueden incluir devoluciones al vendedor y cuestiones relacionadas con ajuste de las prendas y/o la calidad. Una buena comunicación interna (tanto respecto a aspectos positivos como negativos) por lo que se refiere al marketing de las gamas de producto contribuye a que el minorista se mantenga en cabeza respecto a sus competidores.

6   LAS INSPECCIONES DE CALIDAD

Una compradora examina algunos productos de su gama en la tienda, en busca de posibles defectos de calidad, y analiza in situ la reacción de los consumidores frente al producto.

◀ ¿Qué es un comprador de moda?   Enfoques de la compra de moda ▶

20

El comprador y el entorno de venta minorista

Tipos de puntos de venta minorista

Es importante recordar que la industria de la moda es un negocio de orientación comercial que, como cualquier otro, busca la obtención de beneficios, y cuyo punto de partida y meta es el cliente. El análisis del comportamiento del consumidor y de los patrones de consumo rige la creación y el desarrollo de una moda innovadora a la medida de las necesidades del cliente. Los minoristas de moda operan en formatos muy diversos, desde el gran almacén hasta el *outlet*. El comprador de moda debe conocer los diferentes tipos de puntos de venta existentes y su modus operandi a nivel internacional.

Los grandes almacenes

Este tipo de punto de venta cuenta con una gran cantidad de metros cuadrados dedicados a la superficie de venta y suele organizarse en varias plantas. Por regla general, los grandes almacenes se sitúan en grandes ciudades, aunque también pueden encontrarse en centros comerciales de la periferia. Los grandes almacenes comercializan un amplio surtido de artículos, que van desde la alta costura a los equipos electrónicos.

También existen grandes almacenes especializados que ofrecen gamas más limitadas de los artículos mencionados. Entre ellos se encuentran los conocidos Selfridges (Londres), Galeries Lafayette (París) y Barney's (Nueva York).

Los minoristas especializados

Son puntos de venta con una superficie que varía de grande a mediana y que suelen formar parte de una cadena de puntos de venta mayor que cuenta con tiendas insignia. Estos minoristas comercializan artículos para un género específico o bien se orientan hacia toda la familia (hombre, mujer y niños). Operan en varios niveles de mercado, comúnmente definidos como bajo, medio y alto. Old Navy (Estados Unidos) y Primark (Reino Unido) son algunos ejemplos de mercado bajo; Gap, Monsoon, J. Crew, Kurt Geiger, Whistles y Topshop son típicos del mercado medio (a nivel internacional); el mercado alto tiende a incluir marcas conocidas a nivel local y marcas de fabricante, como Jaeger y Bally (Reino Unido) o Kate Spade (Estados Unidos).

7
8

7–8 LA MODA EN FUNCIONAMIENTO

Los minoristas de moda se orientan a un determinado segmento demográfico del mercado en función de su tipología de punto de venta. Un gran almacén como Harvey Nichols (fig. 7) ofrece un amplio surtido de productos para un gran abanico de consumidores, mientras que un minorista especializado, como Urban Outfitters (fig. 8), abastece a un mercado nicho, ofreciendo un surtido de producto más limitado.

LA ESCALA DE LA INDUMENTARIA Y LA MODA

9 **EL MERCADO
DE LA MODA**

La moda se intercambia
y comercializa a diversos
niveles a lo largo y ancho de
la sociedad, desde las fiestas
de intercambio de ropa que
se celebran en domicilios
particulares hasta la alta
costura, un mercado que
mueve millones de libras.

PRECIO RELATIVO

ALTA COSTURA

MARCAS DE LUJO

DISEÑADORES

MARCAS DE DISEÑADOR

GRANDES ALMACENES

GRANDES DISTRIBUIDORES DE ALTA MODA

GRANDES DISTRIBUIDORES DE PRECIO MEDIO

GRANDES DISTRIBUIDORES DE PRECIO BAJO

OUTLETS

TIENDAS DE DESCUENTO

SUPERMERCADOS

MERCADOS

COMERCIO BENÉFICO FIESTAS DE INTERCAMBIO DE ROPA

NIVELES ASPIRACIONALES

9

◀ ¿Qué es un comprador de moda?　　　　　　　　　　　Enfoques de la compra de moda ▶

22

El comprador y el entorno de venta minorista

Las boutiques

Las boutiques suelen estar formadas por entre uno y tres puntos de venta operados por sus propietarios de manera independiente. Ofrecen una surtido limitado de artículos especializados, principalmente marcas de moda de terceros, aunque también desarrollan sus propias marcas genéricas o sus diseños personalizados. Su producto suele ser más caro, y el reabastecimiento, más selectivo. En el caso de las boutiques, el propietario suele ser tanto el jefe de tienda como el comprador.

Las tiendas de descuento

Estas enormes superficies comerciales se parecen a los grandes almacenes, pero venden artículos a un precio significativamente más reducido. Compran en grandes cantidades, lo que permite a los consumidores beneficiarse de la reducción de costes. Aunque las marcas que se comercializan en estos puntos de venta no se consideran de alta moda, cuentan con un gran seguimiento por parte del mercado. Conocidas tiendas de descuento incluyen a Tesco en Europa y Target en los Estados Unidos.

10

Los supermercados e hipermercados

Originariamente, los supermercados e hipermercados se limitaban a comercializar productos alimenticios; sin embargo, para aumentar sus beneficios, en la actualidad muchos de ellos comercializan sus propias marcas de ropa. Este movimiento es particularmente potente en los mercados británico y canadiense, aunque su popularidad también está aumentando en el mercado estadounidense. En Canadá, por ejemplo, Joe Fresh para Loblaw es una marca de moda genérica que ha empezado a expandirse mediante la apertura de puntos de venta propios en Estados Unidos.

Los *outlets* y los centros comerciales de *outlets*

En sus orígenes, los *outlets* surgieron en las fábricas de ropa para liquidar artículos defectuosos o restos de stock. Hoy en día, muchas marcas de precio alto y medio venden sus restos de serie, artículos defectuosos o líneas especiales en estos puntos de venta, ubicados en zonas alejadas del centro de la ciudad. El centro comercial de *outlets* a gran escala es un concepto de origen estadounidense.

Las tiendas vintage, comercio de beneficencia y de segunda mano

En la actualidad, la ropa vintage se ha convertido en una pieza clave del look de moda. Las cuestiones relacionadas con la ecología y el reciclaje han sido algunas de sus principales impulsoras, junto con el creciente deseo por parte del consumidor de encontrar productos singulares. Se cree que solo en el Reino Unido operan unas siete mil tiendas de beneficencia que venden ropa usada, y las cifras se están extendiendo a nivel global.

Los minoristas de Internet

Durante los últimos cien años, los catálogos se han utilizado ampliamente para vender moda, en especial a los habitantes de zonas remotas o rurales. Los catálogos también proporcionaban crédito al consumidor antes de la aparición de las tarjetas de crédito. Aunque se siguen utilizando, actualmente los catálogos se están reemplazando por el comercio electrónico, conocido como *e-tailing*, que ofrece al consumidor una manera práctica y adecuada de realizar sus compras desde cualquier lugar, y permite al minorista llegar a mercados de consumo de todo el planeta a través de los ordenadores personales, los teléfonos inteligentes o las tabletas.

Otros puntos de venta minorista

En la actualidad, los aeropuertos, las estaciones de ferrocarril, los hospitales y los grandes complejos de oficinas utilizan los metros cuadrados sobrantes para incorporar diferentes tipos de minoristas. Algunas empresas abren tiendas *pop-up* durante un breve período de tiempo o realizan ventas directas mediante reuniones de demostración en domicilios u oficinas; no existen fronteras por lo que respecta a los lugares donde puede comercializarse la moda. En el caso de las franquicias, las pequeñas marcas o diseñadores alquilan espacios en los puntos de venta de los grandes minoristas, por los que pagan una comisión semanal sobre las ventas realizadas o un importe fijo, según el tipo de contrato.

10 NIVELES DE MERCADO

Existen multitud de tipos de puntos de venta minorista de moda en cada nivel de mercado, y cada uno se orienta a su propio segmento de mercado, ya se trate de un *outlet* como T.K. Maxx, una boutique, unos grandes almacenes o una tienda *online*.

◀ ¿Qué es un comprador de moda? Enfoques de la compra de moda ▶

24

El comprador y el entorno de venta minorista

Marcas de fabricante *vs.* marcas genéricas

Los minoristas de moda venden productos desarrollados y fabricados específicamente para ellos, que suelen comercializarse en exclusiva en sus propios puntos de venta, y cuya marca se denomina *genérica*, *propia* o *de distribuidor*, o bien compran gamas preexistentes diseñadas por fabricantes o casas de diseño, conocidas como marcas de fabricante (nacionales o internacionales).

En la compra de marcas de fabricante (nacionales o internacionales), el comprador deberá escoger las marcas o diseñadores que formarán el muestrario, así como seleccionar y subeditar cada una de las líneas que quiere comprar. La compra de mercancía de marca requiere que el comprador seleccione aquellos elementos de la gama de marca que mejor encajen con el perfil del cliente de su empresa. Generalmente, es una tarea de tipo editorial, ya que no existen muchos minoristas que, durante una temporada, tengan disponible un surtido completo de todas las líneas que forman la oferta de una marca. En este tipo de compra, el comprador no suele implicarse en el desarrollo inicial de la gama del diseñador o marca.

11

La compra de artículos de marca suele producirse en el caso de las pequeñas boutiques de moda independientes y de los grandes almacenes, aunque el beneficio del minorista sobre este producto tiende a ser menor por el elevado coste del marketing de marca.

Por el contrario, la compra de marca genérica requiere de un enfoque mucho más creativo y original que el de la compra de marcas de terceros, ya que el comprador deberá implicarse como asistente del diseñador en la creación y desarrollo de ideas para, más tarde, realizar la selección de las prendas o productos más adecuados para la gama de la temporada. Cada prenda o producto es exclusivo, ya que ha sido creado por un diseñador o equipo de diseño, externo o en plantilla. Una vez seleccionadas las líneas, la tarea del comprador consistirá en conseguir el mejor precio de coste posible con el mejor fabricante posible, y negociar con este una fecha de entrega viable.

Los beneficios del minorista tienden a ser más elevados con este tipo de producto, ya que la compra se realiza al por mayor y directamente a la fábrica, para alcanzar economías de escala y obtener así el precio de coste más ajustado posible. En muchos casos, el minorista ofrece lo que se conoce como *marca de distribuidor*; así, en el punto de venta se comercializa una única marca que coincide con el nombre de la compañía. Este tipo de branding puede observarse en minoristas como Gap, H&M y Pink.

12

11–12 MARCAS DE FABRICANTE Y MARCAS GENÉRICAS

Las marcas de fabricante están presentes en tiendas especializadas o grandes almacenes; por su parte, muchos minoristas se han convertido en marcas populares por derecho propio, como es el caso de H&M.

"Miramos las marcas en busca de poesía y espiritualidad, pues ya no las encontramos en nuestras comunidades o en los demás."
Naomi Klein

Enfoques de la compra de moda

El ciclo de compra y el conocimiento de los hábitos de compra del consumidor

Se han propuesto diversas teorías para explicar por qué los consumidores compran de una determinada manera. Sin embargo, la mayoría concuerda en que existe una serie de motivos comunes subyacentes que impulsan a un consumidor a comprar determinado artículo sin reflexión previa. Los compradores necesitan conocer estos motivos, junto con otros enfoques y teorías relevantes sobre el comportamiento del consumidor, para llegar con mayor facilidad al mercado minorista que desean captar.

Una de las primeras (y más conocidas) teorías sobre la motivación humana fue propuesta en la década de 1950 por Abraham Maslow, que argumentó la idea de que los individuos atraviesan diversas fases de crecimiento, y que tienen que consumir una antes de pasar a la siguiente. Las fases definidas por Maslow (en orden de prioridad) son las siguientes: necesidades fisiológicas/psicológicas, protección y seguridad, autoestima, y amor y pertenencia, que conducen a la deseada meta de la autorrealización (véase la fig. 13). Los compradores pueden evaluar y predecir en qué fase se encuentra su mercado de consumidores, y desarrollar un plan de compras de temporada y una estrategia de precios que respondan a la misma.

Otro modelo interesante es la teoría de la toma de decisiones (véase la fig. 14), que introduce un enfoque holístico que puede utilizarse para evaluar cómo compran artículos los consumidores. Aunque es difícil predecir las opciones de compra individuales, los compradores pueden utilizar este modelo para intentar que sus productos pasen por el mostrador de caja con mayor frecuencia, y para asegurarse de que cuestiones como la calidad, el ajuste de la prenda y el declive de las tendencias no sean un obstáculo para que el consumidor conserve el artículo adquirido.

13

AUTORREALIZACIÓN

AUTOESTIMA

AMOR Y PERTENENCIA

PROTECCIÓN Y SEGURIDAD

NECESIDADES FISIOLÓGICAS/PSICOLÓGICAS

CONCIENCIA DE NECESIDAD

PERÍODO DE REFLEXIÓN

BÚSQUEDA DE INFORMACIÓN/
INVESTIGACIÓN

DECISIÓN DE COMPRAR/NO
COMPRAR

VALORACIÓN DE ALTERNATIVAS/
ANÁLISIS DE RIESGO

14

Ser conscientes de enfoques como la teoría de la toma de decisiones permite a los compradores analizar con mayor profundidad la mentalidad de sus consumidores, para comprender mejor su propia metodología de compra. Después, los compradores pueden calibrar si deben comprar una gama de temporada para un mercado de moda pronta (de la que hablaremos más adelante en este capítulo) o si, por el contrario, deben invertir en un producto más clásico que resista los embates del tiempo, en función del departamento para el que realicen la compra.

13–14 TEORÍAS DE LA COMPRA DE MODA

Los compradores utilizan teorías del comportamiento humano para conocer mejor a sus clientes, como la pirámide de necesidades de Maslow (fig. 13) y la teoría de la toma de decisiones (fig. 14), que se han estudiado para profundizar en el conocimiento de los motivos de los hábitos de compra del consumidor.

LOS MOTIVOS DE COMPRA DEL CONSUMIDOR

El comprador experimentado tiene que conocer el comportamiento de compra de sus clientes y pondrá en práctica su tarea con vistas a captar mercado mediante una combinación de los motivos de compra del consumidor que se detallan a continuación.

Motivos racionales
Subyacen a las compras que el consumidor justifica como una necesidad, no como un deseo. Estos productos son adquiridos de manera consciente y suelen incluir artículos necesarios para la vida cotidiana. A la hora de comprar, los consumidores tendrán en cuenta cuestiones como la calidad, las instrucciones de mantenimiento, la garantía, etcétera.

Motivos emocionales
Hacen referencia a los artículos adquiridos como respuesta emocional a algún suceso en la vida del consumidor o por la sensación que les proporciona determinado producto. Así, por ejemplo, una mujer puede comprarse un bolso de lujo porque la han ascendido en el trabajo y quiere estar a la altura de las circunstancias; en realidad, no necesita el bolso, pero el entusiasmo y el nuevo salario potencial la impulsan a comprárselo. Estas compras suelen proporcionar al consumidor una sensación de prestigio, estatus o reconocimiento.

Motivos de preferencia
Este concepto se utiliza para describir situaciones en las que los consumidores adquieren artículos basados en preferencias personales, como la lealtad a una marca o el servicio al cliente. Los consumidores tienden a frecuentar a los mismos minoristas y desarrollan un sentimiento de fidelidad hacia ellos.

Enfoques de la compra de moda

El consumidor global nunca ha sido tan solvente ni ha estado tan informado sobre la moda como en la actualidad. La indumentaria de moda ya no es territorio exclusivo de los ricos; la sociedad ha democratizado la moda y la ha puesto al alcance de casi todo el mundo. La gente con estilo encuentra prendas de moda a precios de saldo; la moda no solo se alcanza comprando costosos productos de marca. El comprador de moda inteligente observa con atención cómo viste la gente de su alrededor en su vida social y profesional. En la actualidad, muchas de las tendencias de moda nacen en la calle.

"La moda cambia, pero el estilo se mantiene."
Coco Chanel

El conocimiento de los mercados de consumo

Para el comprador de moda, cada vez es más difícil conocer al consumidor por diversas razones. Detallamos algunas a continuación:

× En la moda actual existe un abanico mucho más amplio de influencias, que a menudo se extienden de forma viral a través de los medios sociales.

× Existe una demanda creciente, promocionada a bombo y platillo por los medios de comunicación, por el cambio y la novedad.

× Los habitantes de países de economía desarrollada suelen contar con un nivel más alto de renta disponible.

× Los crecientes niveles de conectividad social entre diversos grupos culturales han provocado un mayor nivel de conocimiento de la moda y una necesidad de mantenerse al corriente de las tendencias.

× Los comentaristas populares en los medios de comunicación generan y alimentan una presión en los grupos sociales y los grupos de iguales que fomenta los cambios acelerados en las tendencias.

× Se ha producido un cambio a gran escala global del vestir formal hacia el informal, incluso en ámbitos profesionales o de negocios.

× En general, la moda ha dejado de ser específica de un género; los estilos andróginos en el vestir han sido adoptados tanto por hombres como por mujeres.

× El comercio electrónico (e Internet) han abierto rutas de comercio hacia mercados exteriores.

15

Los compradores de moda deben ser unos observadores apasionados de la sociedad y de las cambiantes tendencias. Aunque gran parte de esta investigación personal se realice de manera informal, los compradores suelen llevar consigo álbumes de recortes con fotografías, looks e imágenes, que constituyen una fuente de inspiración continua y que les sirven de referencia a la hora de realizar la compra. Se sabe incluso que cierto gran minorista pagaba a sus compradores por asistir de manera regular a discotecas, para mantenerse al día de la forma de vestir de la calle y de las subculturas.

El mercado de la moda (como ha sucedido con muchos otros mercados de consumo) se ha fragmentado como resultado de grandes cambios sociales y culturales. En la sociedad occidental actual, los consumidores tienden a agruparse en tribus estilísticas y prefieren crear su propio estilo, o pertenecer a tendencias minoritarias, antes que formar parte de los movimientos de masas de la moda. En Occidente, los grupos de individuos generan las tendencias; en Oriente, la sociedad como conjunto (en particular, la familia) sigue siendo muy valorada, lo que influye en su forma de consumir moda.

Por lo tanto, el comprador de moda debe ser consciente de los cambios sociales en todo momento, y examinar las tendencias y modas pasajeras que surgen a una velocidad cada vez más rápida. Para el comprador de moda actual, es imprescindible conocer las necesidades y los deseos de segmentos de mercado mucho más reducidos, cuyos gustos en moda y lealtad a las marcas cambian sin cesar. Los tiempos de la uniformidad en la moda han llegado a su fin y el concepto de moda pronta se está convirtiendo en un fenómeno cada vez más extendido.

15 LAS TRIBUS ESTILÍSTICAS

En la actualidad, los estilos de la moda cambian a una velocidad nunca vista en la historia. La tecnología permite que los consumidores que conocen la moda se mantengan informados y les hace ser cada vez más creativos a la hora de elegir su estilo personal y de realizar sus compras de moda.

Enfoques de la compra de moda

¿Qué es la moda pronta?

La expresión *just in time* (justo a tiempo, o JIT) se utilizó como precursora de la de *moda pronta*, de uso común en la industria actual. El *just in time* surgió a raíz de las innovaciones introducidas en la fabricación de automóviles en Japón, que acortaban los plazos de suministro de la cadena de abastecimiento y reducían el stock; de este modo, el abastecimiento podía responder a la demanda a corto plazo.

No existe una definición oficial de moda pronta; el término se refiere al intento de poner en la tienda, lo antes posible, los looks de pasarela o las tendencias más novedosas a un precio asequible. Moda pronta es una expresión que se utiliza cuando los diseños de pasarela (y en especial la costura) son reinterpretados por las empresas de gran distribución, por regla general a un precio mucho más reducido y en cuestión de semanas. La idea que subyace a este concepto es que, cuanto menor sea el plazo de aprovisionamiento para que una prenda llegue al consumidor, más se reduce la posibilidad de que los competidores pongan a la venta su propia versión de la misma prenda. En teoría, el competidor que llegue antes al mercado, cosechará un rápido beneficio, al ser el primero en lanzar una nueva tendencia o línea de producto (y, presumiblemente, el primero en liquidar existencias).

Presentar al mercado un look de moda y liquidar existencias rápidamente es un proceso indicativo de un buen comprador de moda. Tener en stock el último look de moda durante demasiado tiempo, o no conseguir venderlo a medida que se reduce la demanda, puede hacer que la empresa termine con demasiadas existencias que deban liquidarse con menos (o ningún) margen de beneficio. Por lo tanto, el objetivo de la mayoría de las empresas de moda es utilizar métodos de respuesta rápida para satisfacer la demanda de los consumidores, al acortar los plazos de suministro y mejorar la eficiencia de la empresa en su conjunto.

Por descontado, las fábricas, los compradores y los jefes de logística deberán aumentar su velocidad de reacción para garantizar la compra del look de moda pronta más novedoso. La moda pronta se utiliza cada vez con mayor frecuencia y, por el momento, es lo que demanda el consumidor.

LAS VENTAJAS DE LA MODA PRONTA PARA EL CONSUMIDOR

× Las tiendas cambian rápidamente sus líneas; ofrecen al consumidor más opciones y, por lo tanto, una mayor selección de productos para comprar.
× Las líneas cambian con tanta frecuencia que se reduce la probabilidad de ver a otra persona vistiendo el mismo artículo.
× En cuestión de días, se ofrece a los clientes la posibilidad de comprar versiones de productos de pasarela o utilizados por los famosos a un precio más asequible.
× Los clientes encuentran rápidamente los productos que quieren comprar, lo que ahorra tiempo y frustrantes visitas a las tiendas.
× Al comprar por motivos emocionales, los consumidores obtienen un estímulo psicológico, ya que pueden vestir como las estrellas de cine, los famosos o las modelos en cuestión de semanas.

"La rotación de la moda es muy acelerada y completamente desechable, y creo que esto es una parte importante del problema. En la moda, no existe la longevidad."
Alexander McQueen

EL CICLO DE RESPUESTA DE LA MODA PRONTA

CONCEPTO INICIAL/IDEA VISTA
(por ejemplo, en un desfile o en un famoso)

DESARROLLO DEL PROTOTIPO
(confeccionado en un tejido similar)
2 DÍAS

LOCALIZACIÓN DEL TEJIDO
(proveniente de existencias propias o almacenado y enviado por el proveedor)
2 DÍAS

ENVÍO DEL TEJIDO
(y de los adornos adecuados)
2–5 DÍAS

PRODUCCIÓN DE LAS PRENDAS
(en una fábrica reservada con antelación)
3–5 DÍAS

ENVÍO DE LAS PRENDAS
(a Europa)
3–5 DÍAS
(a destinos lejanos)
5–7 DÍAS

ENTREGA EN EL CENTRO DE DISTRIBUCIÓN

TRANSPORTE HASTA LAS TIENDAS
2–3 DÍAS

ENTREGA EN LAS TIENDAS

VENTA
(y empezar a desarrollar una nueva idea)

CICLO = 14–24 días
Principales variables:
1. Disponibilidad del tejido
2. Distancia de la fábrica al centro de distribución
3. Distancia del centro de distribución a las tiendas

16

16 EL CICLO DE LA MODA PRONTA

El plazo de respuesta de la moda pronta es muy rápido. El tiempo necesario para encontrar el tejido, confeccionar la prenda y distribuirla puede reducirse si el comprador mantiene una buena relación con sus proveedores. Cuanto antes llegue la mercancía en tendencia al punto de venta, más posibilidades tendrá de cumplir con los objetivos de venta previstos.

Enfoques de la compra de moda

La compra de productos específicos

Cuando un comprador accede al sector por primera vez, se le suele destinar a un departamento determinado (ropa femenina, masculina, infantil o artículos para el hogar). Después, se le asigna un tipo de producto, como, por ejemplo, prendas de punto, prendas de tejido a la plana, accesorios, etcétera, que deberá comprar para la temporada. La ropa femenina suele ser el área de producto más popular entre quienes se inician profesionalmente en la compra de moda, aunque la ropa masculina e infantil también ofrecen excelentes oportunidades profesionales y son cada vez más populares, especialmente por lo que se refiere a la moda pronta.

Por regla general, el guardarropa femenino contiene muchos más tipos de prendas que el masculino o el infantil. A nivel internacional, las mujeres tienden a gastar anualmente en ropa dos o tres veces más dinero que los hombres. No existe una razón definida que explique este fenómeno, aunque suelen citarse la complejidad de la prenda femenina y la oferta de producto. En general, la indumentaria se clasifica en dos categorías (que se definen por sí mismas): la indumentaria formal y la casual. Sin embargo, los cambios sociales han generado una demanda de enfoque más informal de la indumentaria cotidiana y, en la actualidad, la ropa casual femenina se acepta como norma en el vestir en muchos entornos profesionales o de negocios.

CLASIFICACIÓN JERÁRQUICA DE LOS TIPOS DE PRODUCTO

Dependiendo de su volumen de facturación, las diversas empresas pueden asignar varios tipos de producto a un único comprador, como, por ejemplo, vaqueros y pantalones. De manera similar, muchos de los productos de las gamas de accesorios suelen agruparse bajo un único comprador. Cada empresa utiliza su propia clasificación jerárquica pero, en general, la que se detalla aquí suele aplicarse en el caso de los vestidos. A cada línea se le otorga un número exclusivo de línea o de lote con vistas a su identificación y tratamiento informático.

Género	Ropa femenina
Tipo	Prenda exterior
Clase	Formal
Departamento	Vestidos
Categoría	Ropa de noche
Subcategoría	Vestidos largos de noche
Línea específica	Ropa de noche
Talla y color	Talla específica en color/ estampado específico

17–19 TIPOLOGÍA BÁSICA DE PRENDAS FEMENINAS

Aunque los compradores trabajan de manera independiente en el tipo de prenda que se les ha asignado, a menudo se comunican entre sí para comprobar que las compras de temporada puedan funcionar de manera intercambiable con cualquiera de los tipos de producto.

Por regla general, el guardarropa femenino contiene muchos más tipos de prendas que el masculino o el infantil. A nivel internacional, las mujeres tienden a gastar anualmente en ropa dos o tres veces más dinero que los hombres.

17 18
19

TIPOLOGÍA BÁSICA DE PRENDAS FEMENINAS

Prenda exterior
Abrigos, chaquetas, ponchos y sastrería.

Vestidos
Línea trapecio, maxivestidos, minivestidos y monos.

Partes de arriba
Blusas, camisería, tops sin manga, jerséis, camisetas y chalecos.

Partes de abajo
Faldas, pantalones cortos, vaqueros, pantalones, faldas-pantalón, bermudas, leggings y jeggings.

Accesorios
Bolsos, cinturones, fulares y bufandas, guantes, bisutería, sombreros, gafas de sol, calzado, calcetería y accesorios tecnológicos de moda.

Ropa íntima
Ropa para dormir, ropa interior y ropa de baño.

Enfoques de la compra de moda

La indumentaria masculina

La ropa masculina está formada por menos tipologías que la femenina. A nivel internacional, el traje formal de sastrería ha dado paso a una forma de vestir más informal. A diferencia de la compra de moda femenina, la moda para hombre tiende a ser menos extrema; no obstante, los tres tipos principales de la indumentaria masculina son similares a los de la femenina, y consisten en la prenda exterior, los accesorios y la ropa interior.

Los artículos para el hogar y los accesorios para el estilo de vida

Cada vez es más frecuente que los minoristas inviertan en productos para el estilo de vida dirigidos a los consumidores, comercializándolos junto con los artículos de indumentaria de moda, y los compradores han entendido rápidamente el potencial de desarrollar este tipo de productos en paralelo a la industria de la moda. En la actualidad, no es difícil ver a los consumidores con tabletas o teléfonos inteligentes. Con la virtual obsolescencia de la oficina tradicional, cada vez más asistimos a la comercialización de accesorios para el estilo de vida y de pequeños artículos para el hogar en los puntos de venta minoristas, desde las fundas para portátiles hasta la última moda en auriculares.

TIPOLOGÍA BÁSICA DE PRENDAS MASCULINAS

Prenda exterior
Sastrería, abrigos, sudaderas con capucha, chaquetas, pantalones, vaqueros, pantalones cortos y camisería.

Partes de arriba
Camisas, camisetas, jerséis, sudaderas y chalecos.

Partes de abajo
Pantalones vaqueros, pantalones deportivos, otros tipos de pantalón y pantalones cortos.

Accesorios
Guantes, sombreros, bufandas, cinturones, mochilas, corbatas, calcetines, bisutería, gafas de sol y accesorios tecnológicos de moda.

Ropa interior
Ropa de estar por casa, ropa interior y ropa de baño.

20

20 ROPA MASCULINA

Actualmente, la ropa masculina se ha vuelto más casual, en detrimento de la indumentaria formal; los compradores se han visto obligados a buscar y comprar más artículos de moda, como la ropa para actividades deportivas.

21

La indumentaria infantil

La ropa infantil es, probablemente, el área de compras más compleja y menos lucrativa a nivel económico. Los guardarropas de los recién nacidos, los bebés, los niños, los preadolescentes y los adolescentes son totalmente distintos entre ellos. Los productos para niños se comercializan usando combinaciones de talla, edad y altura.

21 LOS ARTÍCULOS PARA EL HOGAR Y EL ESTILO DE VIDA

En la actualidad, muchos minoristas comercializan productos para el hogar y pequeños accesorios en sus puntos de venta, creando un entorno de compra dedicado al estilo de vida, como en la tienda de Fabrice LeRouge que aparece en la fotografía.

22

22 LA ROPA INFANTIL

La ropa infantil es un área de producto compleja que, en ocasiones, emula a la indumentaria para adultos y puede llegar a alcanzar el mismo precio que esta.

Cada vez es más frecuente que los minoristas inviertan en productos para el estilo de vida dirigidos a los consumidores, comercializándolos junto con los artículos de indumentaria de moda, y los compradores han entendido rápidamente el potencial de desarrollar este tipo de productos en paralelo a la industria de la moda.

Caso práctico: Kristen Lucio, emprendedora de comercio electrónico

23

En su faceta como estilista, Kristen Lucio ha trabajado como editora de moda de una revista con sede en Miami, ha publicado diversos editoriales de moda en diversas publicaciones y ha sido estilista personal de famosos. En la actualidad, trabaja desarrollando un sitio web de comercio electrónico en el que comercializará moda y accesorios contemporáneos de jóvenes promesas del diseño junto con sus actuales colecciones de artículos vintage. Gestiona tanto sus sitios web de moda masculina y femenina como su estudio de fotografía desde su estudio neoyorquino en Brooklyn.

Kristen comenzó su carrera profesional en la moda como visual merchandiser para una gran cadena minorista, lo que le ofreció la oportunidad de aprender a utilizar la dirección de arte corporativa, los balances presupuestarios, el análisis empresarial y la predicción de tendencias. En su labor como visual merchandiser, Kristen realizaba habitualmente nuevos displays, diseñaba los cambios en la superficie de venta según la temporada y hacía estilismos para los maniquíes.

Más tarde, la contrató un estilista de moda para trabajar en una agencia de modelos local como asistente y, poco tiempo después, comenzó a realizar tareas de asistente de estilistas de primera línea que trabajaban en desfiles, catálogos y publicaciones de referencia, entre ellos *Vogue Italia*.

Años después, en Miami, Kristen comenzó a trabajar como diseñadora de vestuario en importantes series y películas de televisión; gracias a ello, se creó una clientela de famosas, para quienes trabajaba como compradora y estilista personal para actos de gala y editoriales de moda. Todo ello le proporcionó experiencia a la hora de contactar con showrooms y diseñadores para pedirles piezas específicas que respondiesen a las necesidades de su trabajo.

En cuanto decidió poner en marcha su propia tienda minorista, Kristen se trasladó a Nueva York e inauguró sus dos boutiques *online*, formándose rápidamente como autodidacta en las diversas posibilidades existentes para promocionar, publicitar y vender su producto entre la comunidad de compras cibernética, en desarrollo incipiente.

Sobre esta nueva aventura empresarial, Kristen opina que "abrir una boutique, en concreto una boutique *online* es, probablemente, la decisión más difícil que he tomado en toda mi carrera profesional". Aunque pueda pensarse que resulta más fácil y económico que poner en marcha una tienda física tradicional, Kristen no está de acuerdo: "Probablemente sea más difícil. Al tratarse de un negocio de nueva creación, yo misma tuve que ejercer de compradora, merchandiser del sitio web, directora de medios sociales, personal de atención al cliente, encargada de logística, fotógrafa, estilista y directora artística al mismo tiempo".

El consejo de Kristen para quienes quieran convertirse en emprendedores es, no obstante, optimista: "Si no te apasiona la carrera profesional que has elegido, mi consejo es que la cambies por otra, porque la pasión hace que tu negocio alcance otro nivel y tenga éxito".

23 KROWENYC

Kristen Lucio es una polifacética emprendedora capaz de desempeñar multitud de tareas, aunque su favorita es la de compradora de moda.

Caso práctico: Kristen Lucio, emprendedora de comercio electrónico

Shop Sections

Shop home 35 items

SMALL 4

MEDIUM 8

LARGE 14

X LARGE 4

SHOES 2

ACCESSORIES 2

Shop Owner

Krowe
Brooklyn, NY, United
States

Contact

Favorites

Followers: 12

Feedback: 3, 100% po

Shop Info
☎ BadlandsVtg
Opened on Dec 14, 2012

24 PRESENCIA GLOBAL

Comprar artículos para el comercio electrónico puede ser una ardua tarea; resulta imprescindible conocer las tendencias a nivel internacional, ya que la comunidad global visita los sitios de Internet.

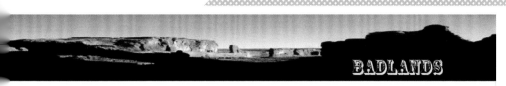

BadlandsVtg
Vintage apparel, accessories and man cave decor

✓ Like   170

Welcome to the Badlands! We look high and low for Men's vintage fashion so you don't have to.

This shop accepts Etsy Gift Cards.

Search in this shop   **Search**

Sort by: **Custom** ▾

1990s Mens Brown Four Poc...	1980s Samsonite Canvas an...	1990s Mens Vintage Brooks ...	1970s Ivory wool knit "Nieuw...
BadlandsVtg $29.00 USD	BadlandsVtg $38.00 USD	BadlandsVtg $36.00 USD	BadlandsVtg $42.00 USD

1980s Taupe Hounds tooth ...   1980s Mens NY Yankees Bo...   Mr. Rogers 1970s Sky Blue ...   1980s Classic Trench coat w...

24

Entrevista: Kristen Lucio

P **¿De dónde provienen las gamas que compras?**

R Al principio, las existencias de mi tienda provenían de mi propio guardarropa y de restos de mi equipo de estilista, que formaban una mezcla de artículos coloridos y diversos. En la actualidad, hago viajes de compras por todo el país y selecciono el look de mi tienda. Mi consejo a los compradores es que no compren en exceso, que intenten averiguar quién forma su clientela y qué es lo que mejor se vende a un precio determinado; a partir de ahí, se puede empezar a desarrollar una estética coherente, una base de clientes y seguidores, y unas ventas sólidas.

P **¿Qué método sigues a la hora de buscar tendencias para temporadas futuras?**

R La gente de Los Ángeles viste de una manera *radicalmente* diferente a la de Nueva York; por ejemplo, si intentas comprar artículos o renovar el stock de tu tienda con tendencias neoyorquinas, es menos probable que las compren tus clientes de Los Ángeles porque no entienden las tendencias de mercado de la costa Este. Hace años me informaba sobre las tendencias de pasarela en revistas de moda y en *www.style.com*, pero hoy en día los medios sociales y los blogs me facilitan esta tarea (incluso resultan apabullantes) a la hora de averiguar qué sucede con las tendencias de moda a nivel mundial.

"La gente de Los Ángeles viste de una manera RADICALMENTE diferente a la de Nueva York; por ejemplo, si intentas comprar artículos o renovar el stock de tu tienda con tendencias neoyorquinas, es menos probable que las compren tus clientes de Los Ángeles porque no entienden las tendencias de mercado de la costa Este."

P ¿El comercio electrónico ha ejercido un impacto notable en la demanda de tu producto?

R Diría que ha catapultado el vintage a la primera plana de la compra en Internet. Aunque existe una dura competencia, antiguamente se dependía exclusivamente de los transeúntes para realizar una venta, ya que los artículos de la tienda son únicos y singulares; por ello, la publicidad no resultaba una opción viable para mostrar o promocionar tus productos.

P ¿Cómo estableces el precio de tus productos?

R No trabajo con incrementos porcentuales específicos sobre las prendas. Investigo qué precios ponen otros vendedores de vintage a productos similares y, a partir de ahí, intento fijar unos precios competitivos. Es importante asegurarse de que el beneficio obtenido sea suficiente para pagar la mano de obra y otros costes necesarios para el negocio, como el lavado de la ropa usada, las sesiones fotográficas, etcétera.

P Por regla general, ¿qué estimula la rebaja o promoción de un producto?

R Hay quien realiza sus ventas en función de la temporada pero yo no sigo esa máxima porque, en Internet, todo está en temporada en algún lugar del mundo. No obstante, realizo promociones que atraigan a suscriptores o seguidores, y consigo fidelizar a los clientes mediante promociones del tipo: "Síguenos en Twitter/ Facebook y obtén un quince por ciento de descuento en tus compras". Los medios sociales son excelentes para este tipo de publicidad.

P Habiendo trabajado en visual merchandising, ¿crees que actualmente los compradores y el equipo visual del punto de venta deben mantener una relación directa?

R Cuando trabajaba en visual merchandising, solía dirigirme a los compradores cuando lo creía necesario. Sin duda, los compradores están formados para realizar compras que impulsen las ventas en la tienda y, para lograrlo de manera exitosa, el producto tiene que mostrarse con estilismos que maximicen la compra del cliente de ese punto de venta concreto. Por eso, a veces el merchandiser necesita romper el molde visual de la empresa y desarrollar lo que considere más conveniente para su entorno de compra.

Resumen del capítulo 1

En este capítulo hemos visto la importancia del papel del comprador para cualquier negocio o empresa, ya que su meta es siempre generar beneficios. Además, hemos analizado los atributos y aptitudes que forman al comprador ideal, y hemos explicado su papel dentro del equipo de compras, así como las diferentes tareas que requiere la compra de artículos de marca de fabricante y de marca genérica. Hemos visto cómo se distribuyen las gamas de ropa femenina y masculina, así como las dificultades que entrañan las colecciones de ropa infantil. También hemos explorado los diversos tipos de empresas de venta minorista en los que puede llegar a trabajar un comprador, y hemos descubierto que no toda la compra de moda se centra en las gamas altas y en el diseño de primera línea.

Preguntas y temas de debate

Tras haber visto cuáles son las características esenciales de un comprador de moda de éxito y cómo y dónde desarrolla su labor en el competitivo mercado actual, vamos a plantearnos una serie de preguntas y temas de debate.

1. ¿Crees que cuentas con algunas de las aptitudes y atributos clave necesarios para convertirte en un comprador de éxito?

2. ¿Cuáles de estas aptitudes y atributos crees que deberías desarrollar con más profundidad? ¿Por qué?

3. ¿Crees que la compra de moda femenina es más fácil que la compra de ropa masculina o infantil?

4. Al analizar las diferencias que existen a la hora de comprar artículos de marca de las gamas de marcas o diseñadores existentes y trabajar con proveedores y diseñadores en el desarrollo de una marca genérica exclusiva, ¿qué tipo de compra crees que te resultaría más satisfactoria? ¿Por qué?

5. ¿Crees que la moda solo puede adquirirse en tiendas de diseñador de primera línea o en boutiques de alto nivel?

6. ¿En qué tipo de tiendas te gusta comprar? ¿Por qué?

Ejercicios

1. Ordena jerárquicamente por orden de importancia las aptitudes y los atributos que se mencionan en el capítulo 1, como si fueses el responsable de contratar a un comprador para una empresa de mercado orientada a una cliente moderna de entre dieciséis y veintidós años. Explica las razones de tu elección.

2. Visita con tus amigos tu zona comercial favorita y busca ejemplos de los diferentes tipos de puntos de venta de moda o ropa que se describen en el capítulo 1. Cita tantos nombres como puedas en cada una de las tipologías.

3. Repite el proceso del punto 2, aplicándolo a tiendas dedicadas al género opuesto. ¿Te ha resultado más difícil que el punto anterior? ¿A qué crees que se debe?

4. Con la lista creada en el punto 2, anota cuántas de esas tiendas no sueles visitar de manera habitual. Escribe un comentario sobre cada una de ellas, explicando por qué no compras allí, y compara tu lista con la de tus amigos.

5. Visita unos grandes almacenes y habla con el personal de ventas; pregúntales sobre las marcas de las que nunca hayas oído hablar. Durante la conversación, averigua cuáles de estas marcas son genéricas, de fabricante o de diseñador, o concesiones. Encuentra, al menos, dos ejemplos de cada una.

6. Con tus amigos, escoged vuestras tres tiendas de moda favoritas y explicad en pocas frases qué es lo que las hace especiales. ¿Qué es lo que más os gusta de ellas: la tienda, el surtido, el personal de ventas u otros factores?

7. Encuentra y visita una tienda de ropa vintage, de segunda mano, un comercio benéfico o de ropa usada y haz una lista de los artículos (si encuentras alguno) que no te importaría comprar y utilizar. Si no encuentras ninguno, explica por escrito tus motivos.

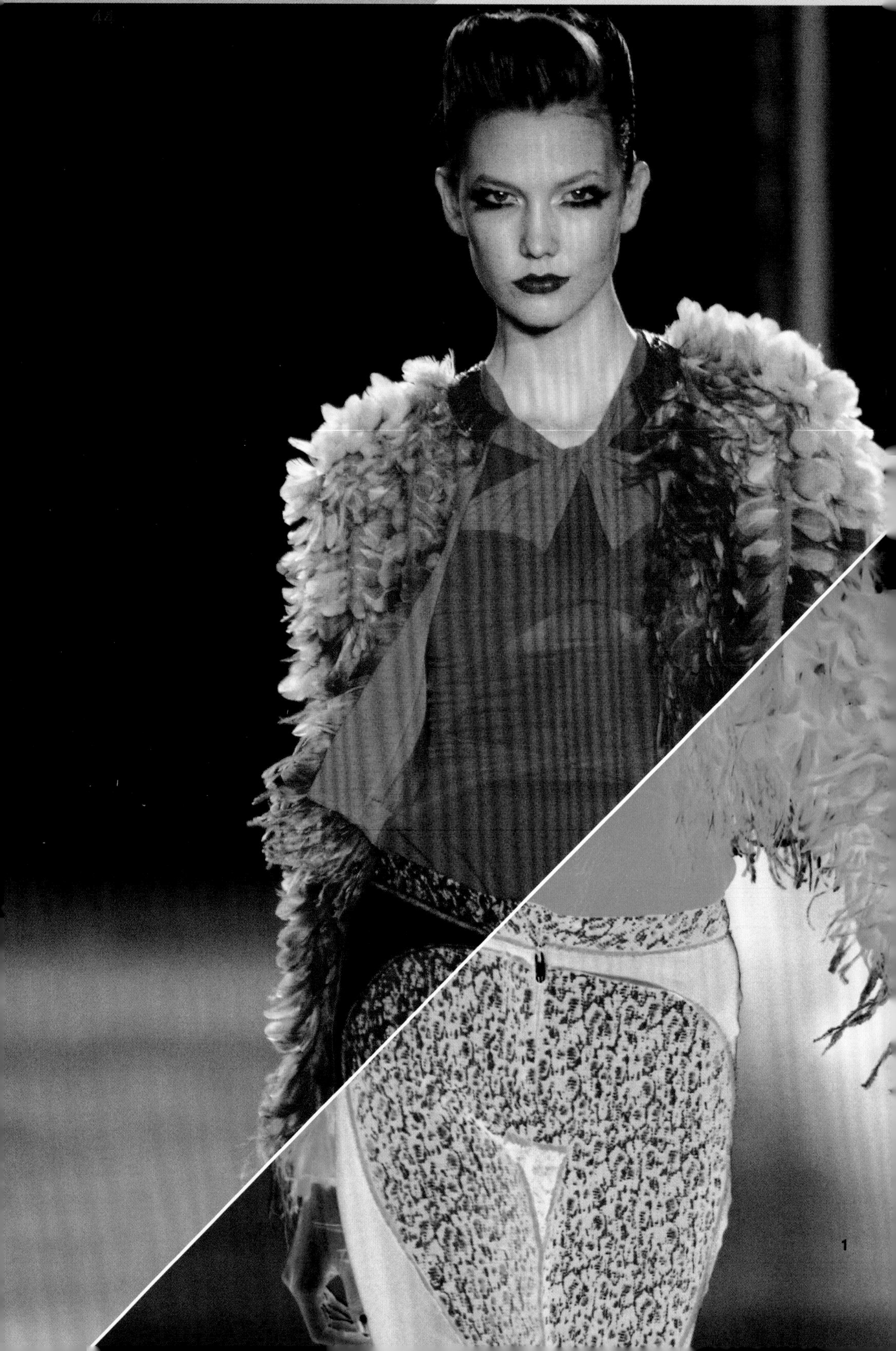

1

FUENTES DE INSPIRACIÓN PARA LA COMPRA DE MODA

2

A lo largo de la historia, las modas se han ido transformando, en ocasiones de manera radical. Antiguamente, la gente intentaba copiar el estilo de los aristócratas o de la realeza, y adinerados viajeros que visitaban tierras extrañas se encargaban de transmitir las ideas de moda por todo el globo. Las revistas de moda, como *American Vogue*, ilustradas con dibujos (y más tarde con fotografías), fueron los primeros instrumentos de la comunicación de masas de la moda.

Entre las décadas de 1930 y 1950, el cine y la televisión se convirtieron en importantes canales para transmitir ideas de moda a nivel internacional; las películas francesas, italianas y, en especial, norteamericanas ejercieron una fuerte influencia global. Desde la década de 1990, este rol lo ha asumido Internet.

Hoy en día, podemos transmitir ideas de manera electrónica por todo el planeta en cuestión de segundos y las tendencias de moda se propagan a una velocidad nunca vista. Esto complica la labor de los compradores de moda, quienes, en la actualidad, tienen que trabajar con más rapidez para recibir, sintetizar, desarrollar y procesar las tendencias de moda antes de convertirlas, finalmente, en el look del momento y en el artículo de moda más vendido.

1 PRIMAVERA/VERANO 2011

La colección femenina de prêt-à-porter de Zac Posen se centra en la vertiente amena de plumas y lazos. En opinión de Posen, "es importante vestirte según tu forma de pensar y divertirte con la moda... Hoy en día, hay tanta gente que sigue la moda que esta se ha convertido en un entretenimiento".

Compradores, diseñadores y mercados

Diferencias y semejanzas entre mercados internacionales

Aunque el comprador debe enfrentarse a muchos retos, el mayor hasta la fecha es desarrollar una gama de temporada que dé resultado tanto en el mercado local como en el internacional. Los minoristas que invierten en mercados extranjeros suelen contar con equipos tanto en sus oficinas locales como internacionales, para llegar a su mercado objetivo allí donde esté.

Al principio, puede ser difícil aprenderse el vocabulario asociado con los diferentes mercados y categorías profesionales existentes. Así, por ejemplo, en Estados Unidos, un comprador sénior o un jefe de compras puede ejercer, a la vez, las funciones de jefe de merchandising para un determinado género, clase, departamento, etcétera. Además, el término *merchandiser* puede referirse tanto a quien supervisa la asignación y distribución del surtido de productos como al profesional al cargo de las estrategias de visual merchandising (es decir, la creación de displays artísticos para realzar la promoción y venta del producto).

En ambos casos, el factor clave es que el jefe de compras y el merchandiser se ocupan de garantizar el éxito de ventas del producto. No obstante, vale la pena tener presente que los significados de los términos pueden variar y/o intercambiarse dependiendo de la empresa minorista para la que estemos trabajando y del país al que estemos destinados.

Otra de las diferencias significativas que deben considerar los compradores es el incremento y reducción del valor de los mercados. Si un comprador suministra gamas de temporada tanto al mercado local como internacional, debe saber que existen situaciones económicas que pueden afectar al precio de los artículos, como, por ejemplo, el valor de las divisas. Los compradores deben saber cómo las economías de mercado dictan las estrategias de precio que pueden aplicarse a los productos que se comercializan en el extranjero. Si el precio se parece y no tiene en cuenta la fluctuación de los mercados internacionales, el beneficio de la empresa podría ser menor del previsto.

Otros factores que pueden interferir en la capacidad del comprador para llevar a cabo su tarea con éxito son cuestiones como los plazos de entrega de las muestras o del producto o de cualquier otro tipo de información que deba circular de un país a otro. Asimismo, es crucial saber si los mercados internacionales imponen tasas o impuestos sobre los productos que se importan o exportan desde determinado país.

Afortunadamente, a los compradores les resulta fácil obtener esta información de Internet y prever esta situación antes de que ocurra. El uso masivo de Internet ha contribuido a acortar la distancia entre los mercados minoristas nacionales e internacionales que existía en el pasado. Del mismo modo, es fundamental que el comprador esté informado de los actos internacionales si quiere mantenerse un paso por delante de la competencia.

2 LA INTRODUCCIÓN DE PRODUCTOS EN NUEVOS MERCADOS

Un comprador minorista examina la línea de productos de un vendedor en el International Market for Retail Real State (MAPIC). Estos actos presentan nuevos proveedores y productos en mercados establecidos, con vistas a su expansión global.

ASOCIACIONES DE COMERCIO INTERNACIONAL QUE PROPORCIONAN CONOCIMIENTO DE MERCADO AL COMPRADOR

Fashion Group International
El Fashion Group International es una autoridad por lo que se refiere a la moda y el diseño minorista. Proporciona herramientas tanto a nivel individual como empresarial que permiten incrementar los conocimientos especializados en este campo.
fgi.org

VMSD
Está especializado en ofrecer información sobre diseño, merchandising y conocimiento del producto, así como noticias sobre el sector.
vmsd.com

RDI
El Retail Design Institute fomenta la promoción y colaboración en los entornos minoristas.
retaildesigninstitute.com

FIRAE
El Forum for International Retail Association Executives fomenta y aboga por el intercambio de información de mercado entre las asociaciones internacionales de comercio minorista.
firae.org

POPAI
Asociación global de comercio minorista que ofrece formación e investigación de marketing en el sector minorista.
popai.com

Compradores, diseñadores y mercados

Erróneamente, suele asumirse que el término *moda* equivale a artículos caros y que, por consiguiente, dedicarse a la compra de moda consiste en comprar productos de lujo. En realidad, los compradores de moda trabajan en todos los niveles del mercado, en parte debido a la democratización de la moda como resultado de la expansión de los mercados.

La moda con estilo ha dejado de ser el coto privado de las clases adineradas y ya no se limita a la compra de productos de alto precio. La mercancía de moda está cada vez más presente en todos los niveles de mercado; hoy en día, quienes posean un sentido del estilo desarrollado pueden permitirse vestir a la moda con un presupuesto módico. El vestir con marcas caras o con firmas de diseñador no convierte a un individuo en una persona a la moda.

En ocasiones este fenómeno se define como "efecto de Primark a Prada", y se refiere tanto los consumidores, que cada día están más informados sobre las tendencias que surgen en el nivel más alto del mercado, como al esfuerzo de las marcas de gran distribución por emular y reproducir esas tendencias en forma de prendas más asequibles.

3-4 DE PRIMARK A PRADA

La estética despojada de adorno de la fachada de esta tienda del minorista internacional Primark presenta una oferta de marca muy alejada de la lujosa opulencia de Prada (que ofrece una amplia selección de productos, tendencias contemporáneas y rangos de precio acordes con las mismas) que son la piedra angular de su éxito sobre las pasarelas.

3
4

Teoría de la filtración

Teoría de la filtración inversa

nivel social más alto

SENTIDO DEL CAMBIO EN LA MODA

PRINCIPALES VARIABLES:

1. FUENTE DE ORIGEN
2. SENTIDO DEL CAMBIO DE LA MODA

3. FRECUENCIA/VELOCIDAD DEL CAMBIO
4. DINÁMICA DEL CAMBIO

nivel social más bajo

Teoría de la filtración transversal

5

5 TEORÍA DEL CAMBIO DIRECCIONAL DE LA MODA

Hay casos en los que puede darse un efecto de filtración transversal, en el que todas las culturas adoptan una tendencia simultáneamente y de manera muy rápida, lo que suele ser el resultado de la convergencia de los canales de medios de comunicación de masas.

EL MANTRA DEL COMPRADOR DE MODA

VALOR ∝ CALIDAD × PRECIO

De manera creciente y a todos los niveles de mercado, los clientes esperan que la relación calidad-precio sea óptima, tanto si compran moda en un punto de venta de descuento como en una casa de alta costura. En este caso, la ecuación clave que conviene recordar es que el valor ∝ calidad × precio (el valor es proporcional a la relación entre la calidad y el precio).

Los compradores también analizan teorías direccionales sobre los cambios en la moda para entender cómo los mercados ejercen su influencia a lo largo y ancho de los diferentes segmentos de consumidores y, en particular, para descubrir dónde se origina una tendencia, hacia dónde se dirige y cuánto tiempo durará. Una tendencia puede introducirse en el nivel más alto del mercado y después traducirse y adoptarse, a un precio más asequible, por el nivel más bajo del mercado (o viceversa). Esta disponibilidad de la moda en un amplio abanico de puntos de venta minoristas y la fertilización cruzada entre los diversos sectores del mercado han provocado la creación de un gran número de puestos de trabajo en la compra de moda.

Compradores, diseñadores y mercados

La relación entre el diseñador y el comprador de moda

La relación entre el diseñador y el comprador de moda es muy estrecha aunque, en última instancia, el comprador toma las decisiones finales y asume la responsabilidad de seleccionar los productos que formarán la gama.

En la actualidad, la mayoría de los grandes minoristas y marcas cuentan con sus propios equipos de diseño. Cada empresa tiene su propia forma de estructurar sus equipos de diseño y de compras, aunque, por regla general, a cada comprador de producto se le asigna un diseñador para que le ayude en el desarrollo de ideas y muestras.

Por su parte, muchas pequeñas empresas de moda, que no tienen un volumen de ventas que justifique que dispongan de un equipo de diseño a tiempo completo, suelen preferir contratar los servicios de diseñadores *freelance* para un proyecto o gama específicos. La ventaja de utilizar diseñadores *freelance* es que cada nuevo producto o gama se crean desde una nueva perspectiva; si un único diseñador o comprador trabaja durante mucho tiempo en un área de producto o en una marca, corre el riesgo de estancarse a nivel creativo.

6

6 DISEÑADORES Y COMPRADORES

Los compradores y los diseñadores de moda trabajan codo con codo en el desarrollo de las gamas de temporada. Muchas ideas se originan en un dibujo bidimensional que después se desarrollará en forma de muestra o de prototipo.

7

Con muchos meses de antelación respecto a la temporada de compras, el equipo de compradores y diseñadores, internos o externos, se reúne para abordar las nuevas tendencias y la orientación futura del negocio. En esta fase preliminar se comparan ideas y se analizan los pronósticos que proporcionan agencias externas de predicción de tendencias. La inspiración proviene de todos los participantes pero, principalmente, del comprador y del diseñador, que trabajarán juntos para obtener, de esas tendencias, el mayor beneficio para la empresa.

7 LA COLABORACIÓN CON DISEÑADORES

Los diseñadores realizan ajustes que se basan en las sugerencias de su comprador minorista. Estos diseñadores son trabajadores interinos que provienen de oficinas externas.

La investigación de mercado

Todo el mundo espera que los compradores investiguen el mercado de forma continua, y que utilicen técnicas de investigación tanto formales como informales, así como datos cualitativos y cuantitativos. Las fuentes oficiosas de información provienen de las conversaciones con colegas y amistades, tanto dentro como fuera de la empresa del comprador.

Las reuniones de negocios con personas ajenas a la empresa pueden proporcionar al comprador información sobre sus competidores y sobre el sector en general. A menudo, esta información puede utilizarse en beneficio de la empresa; no obstante, es importante que en todo momento se mantenga la ética profesional y ser consciente de que determinada información sobre la competencia no debe salir del círculo de terceros donde se haya obtenido.

El marketing mix

A menudo, el concepto de *marketing* se entiende erróneamente tanto dentro como fuera del negocio de la moda; muchos creen que se limita a las relaciones públicas y publicidad. En realidad, el marketing es mucho más, pues incluye todas las actividades que la empresa (y, en particular, el comprador) realizan para desarrollar un producto y ofrecer servicio y valor a sus clientes; a cambio, estos adquieren el producto de la empresa y, con suerte, se mantendrán fieles al mismo, realizando compras reiteradas.

En última instancia, la buena praxis del marketing consiste en desarrollar relaciones con el cliente a largo plazo. En 1948, el profesor Neil H. Borden, de la Harvard Business School, se basó en esta premisa para desarrollar lo que denominó *marketing mix*. Este concepto básico de marketing sostiene que el buen marketing consiste en ofrecer el producto adecuado al precio oportuno en el lugar preciso, dotándolo de la promoción apropiada.

EL DILEMA DEL COMPRADOR

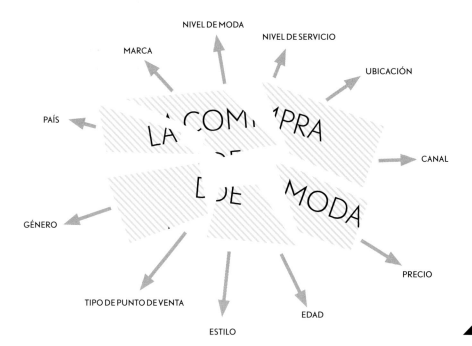

NIVEL DE MODA

NIVEL DE SERVICIO

MARCA

UBICACIÓN

PAÍS

LA COMPRA DE MODA

CANAL

GÉNERO

PRECIO

TIPO DE PUNTO DE VENTA

EDAD

ESTILO

8

Aunque parezca fácil, no es tan sencillo que concuerden estos cuatro aspectos en el marketing de moda. Los compradores de moda no suelen definirse como especialistas de marketing en el sentido estricto de la palabra, aunque sean sus impulsores principales e influyan sobremanera en el marketing mix de cualquier empresa de moda. El comprador de moda define el producto, tiene la opinión de mayor peso por lo que se refiere a las estrategias de fijación de precios, decide (junto al merchandiser) en qué puntos de venta se comercializará el producto y, finalmente, realiza una importante aportación en cualquier actividad promocional asociada al mismo.

Investigación formal de mercado

Los medios de comunicación muestran un gran interés por todo lo relacionado con el sector de la moda, y muchos periódicos de difusión internacional, como *The Wall Street Journal* (Estados Unidos) o el *Financial Times* (Reino Unido) publican artículos relacionados con la industria de la moda en su sección de negocios. Los compradores deben acudir a estas fuentes para informarse sobre los asuntos financieros y empresariales que conciernen a sus competidores.

Además de mantenerse al día de las noticias empresariales del sector de la moda, muchos compradores cuentan con el apoyo de un jefe de investigación de mercados que les ayuda a sintetizar la información y estar siempre al corriente por lo que se refiere al mercado, utilizando, probablemente, algunos de los informes de investigación de mercado que se publican de manera periódica.

INFORMES SOBRE EL MERCADO INTERNACIONAL

Mintel
Proporciona gran cantidad de informes sobre moda internacional. Este servicio de pago está disponible tanto en formato impreso como electrónico. A menudo, estos informes pueden consultarse en las bibliotecas universitarias.
mintel.com/press-centre/press-releases/category/2/fashion

Verdict
Enfocado al comercio minorista, Verdict proporciona informes internacionales relacionados con la moda. Suele utilizarse a nivel empresarial.
verdict.co.uk/reports_sector.htm

Euromonitor
Euromonitor es un servicio con espíritu internacional que cubre muchos sectores de negocio, entre ellos la moda.
euromonitor.com

Key Note
Centrado principalmente en el Reino Unido, Key Note cuenta con una amplia oferta de informes sobre el sector de la moda.
keynote.co.uk/index

Nota: Existen muchas otras empresas de investigación cuyos informes suelen centrarse en el mercado de la moda de un determinado país.

8 LA FRAGMENTACIÓN DEL MERCADO DE LA MODA

Los compradores se enfrentan constantemente a una fragmentación del mercado que puede debilitar la imagen de marca y reducir el marketing a su expresión más insignificante. La combinación de una sólida intuición con los datos cualitativos y cuantitativos que proporcionan fuentes tanto internas como externas pueden contribuir, a través de las compras de temporada, al fortalecimiento de la marca de un minorista.

La investigación de mercado

El cliente como centro de atención

Los compradores que piensan que sus gustos personales son más importantes que los de sus consumidores están abocados al fracaso. Los mejores compradores de moda poseen una habilidad innata para procesar una enorme cantidad de datos e información que después utilizan para avalar sus decisiones a la hora de comprar. Estos datos provienen de estudios demográficos y/o psicográficos elaborados por la propia empresa o fuera de ella.

El nivel de investigación de marketing que realizan las diferentes empresas varía mucho. Algunas incorporan a pequeños grupos de personas que pertenecen a su público objetivo, llamados *grupos de enfoque*, en los que se realiza una investigación semiestructurada sobre las opiniones, actitudes, preferencias de marca y hábitos de compra de sus integrantes.

Otras empresas, dependiendo de su tamaño, analizan los datos recopilados por firmas profesionales dedicadas a la investigación de marketing o la consultoría de marca. Así, la empresa puede saber en todo momento quiénes forman su clientela o su base de clientes potenciales y apoyarse en estos datos para tomar las decisiones finales a la hora de planificar nuevas gamas, ya que estos informes proporcionan un panorama global de los nuevos productos que los clientes-objetivo de una empresa necesitan y desean.

"Yo diseño para gente real y siempre pienso en nuestros clientes. No tiene mérito crear prendas o accesorios que no sean prácticos."
Giorgio Armani

10

Cifras y datos sobre tendencias cuantitativas de mercado

Para conocer las principales tendencias socioeconómicas, los compradores recurren a datos demográficos y psicográficos sobre el gasto per cápita, desglosados por género, edad, marca, etcétera. Asimismo, se revisan con regularidad (diaria o semanalmente) las ventas pasadas, actuales y previstas, para que el comprador sepa qué productos se venden. Todo eso sirve como base para tomar decisiones sobre el incremento de las compras o las reducciones de precio.

En este apartado, los puntos de venta minorista de la empresa pueden proporcionar información adicional acerca de sus clientes para corroborar los datos con los que trabajan la oficina central y los equipos de compras o para proporcionarles un conocimiento detallado sobre los cambios que se estén produciendo en su mercado específico.

El personal de ventas se ve influido por su vida cotidiana y por el ambiente cultural que lo rodea (música, cultura, medios de comunicación, moda de la calle), por lo que este tipo de investigación de marketing es esencial para ayudar al comprador a saber cómo viste su cliente.

9

LA SEGMENTACIÓN DEL CONSUMIDOR MINORISTA

A continuación se enumera una serie de estrategias de marketing que el comprador suele utilizar para conocer a su base de consumidores.

Segmentación psicográfica: combina demografía y psicología, y analiza el comportamiento, los valores y las preferencias del consumidor.

Público objetivo: segmento de la población de consumidores que se identifica por un perfil demográfico y psicográfico común, que permite al comprador obtener un conocimiento detallado de los atributos tangibles e intangibles de la imagen, el servicio y/o los productos de una empresa.

Diferenciación: presenta la imagen y los productos o servicios de una empresa e intenta destacar su posición respecto a otras empresas de su categoría.

Posicionamiento: enfoque de marketing que utiliza los conceptos de *público objetivo* y *diferenciación* para crear un mercado nicho para la marca, los productos o los servicios de una empresa minorista.

9–10 EL CONOCIMIENTO DE LA BASE DE CLIENTES

Los compradores analizan su segmento de consumidores para averiguar las características demográficas del mismo —como el género, la edad, la etnia y el nivel de ingresos— que se utilizarán en la creación de un perfil de cliente asociado a un minorista específico.

La predicción de tendencias

La predicción sistemática de tendencias se remonta a la década de 1970, aunque años antes los diseñadores, fabricantes y compradores de moda ya realizaban investigaciones no sistematizadas. La predicción de tendencias es una actividad cada vez más importante, ya que optar por una tendencia errónea puede salir muy caro en el sector de la moda; si las existencias no se venden bien, su precio deberá reducirse, lo cual reduce el beneficio de la empresa.

11–12 LA PREDICCIÓN DE COLOR

Muchos compradores analizan la información que proporcionan agencias de predicción de color como Pantone, cuyo conocido Pantone Matching System (PMS) se utiliza en muchos medios, desde el papel hasta el tejido. Pantone se ha convertido en la firma líder en predicción de color y disfruta de una excelente reputación en el sector de la moda. Suele colaborar con minoristas como Uniqlo, cuya colección de cachemir puede apreciarse más abajo.

Conceptos, colores y fuentes

La forma en la que un comprador asimila las tendencias presenta algunas características comunes en todos los sectores empresariales. Las grandes empresas suelen investigar las tendencias de una manera más sistemática que las pequeñas empresas, que tienen un enfoque más circunstancial de las mismas; por otra parte, las grandes empresas pueden contratar los servicios, relativamente caros, de agencias externas de predicción de tendencias.

A la hora apostar por una nueva gama, la mayoría de los compradores de moda utiliza una combinación de fuentes para predecir tendencias. Pueden usar los informes de alguna de las agencias francesas líderes en predicción de tendencias, como Peclers, o de alguna de las agencias británicas como, por ejemplo, Worth Global Style Network (WGSN) o Stylesight, cuya influencia en el sector es cada vez mayor. La mayoría de estas agencias ofrece servicios de predicción de tendencias básicos o personalizados (más caros), y puede realizar sus pronósticos con varias temporadas de antelación. Los informes se envían por Internet o en soporte físico, con formato de lookbook de tendencias. Los libros de tendencias contienen ilustraciones a color y muestras de tejido o de hilaturas que resultan de gran utilidad a la hora de plantear y desarrollar gamas con los proveedores.

11 12

LA CURVA DE DIFUSIÓN

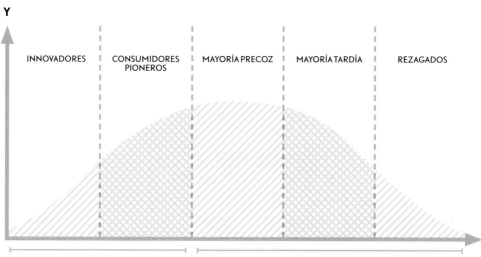

Y

INNOVADORES   CONSUMIDORES PIONEROS   MAYORÍA PRECOZ   MAYORÍA TARDÍA   REZAGADOS

X

líderes de la moda   seguidores de la moda

13

Como cualquiera que trabaje en moda, el comprador está sujeto a una serie de influencias en materia de tendencias, que tienen su origen en su vida personal, en las reuniones con colegas de profesión, fabricantes o directivos, y en los medios de comunicación dedicados a la moda. Algunas de las nuevas empresas de moda pagan a jóvenes compradores para que asistan a discotecas, festivales musicales y otros actos; asimismo, a lo largo del año, los compradores asisten a ferias de moda, desfiles y exposiciones internacionales, y realizan viajes de investigación de compras al extranjero. En ellos, el comprador (que suele viajar con un diseñador) comenzará a tomar notas y fotografías que le ayudarán a determinar la orientación futura de la gama; este proceso conduce hacia una investigación de marketing de tipo formal.

13 LA DIFUSIÓN DE LA INNOVACIÓN

En la década de 1960, Everett Rogers introdujo por vez primera la idea de la *difusión de la innovación*, y afirmó que las innovaciones debían presentarse al público para obtener su aprobación y ser adoptadas por este. El tiempo (X) que tarda la innovación en filtrarse a través de la población de consumidores (Y) se conoce como *ciclo de vida de la innovación*. Los compradores utilizan esta teoría para predecir la duración potencial de una tendencia en una gama de temporada.

La predicción de tendencias

El número de actos comerciales especializados a los que suelen asistir los compradores de moda internacionales se ha incrementado de forma exponencial; por ello, los compradores que trabajan en grandes empresas de moda planifican cuidadosamente sus visitas, asistiendo solo a los actos que son relevantes para sus gamas de producto o en los que puedan encontrar el producto más novedoso.

14–16   FERIAS Y SALONES COMERCIALES INTERNACIONALES

Habitualmente, los compradores solo visitan unos cuantos salones o ferias relevantes cada temporada, ya que suele tratarse de certámenes especializados o dedicados a un producto específico. Multitud de vendedores participan en estos salones con la esperanza de que sus gamas resulten atractivas para los compradores y sean escogidas para la siguiente temporada.

Las ferias de muestras y los salones comerciales

A menudo, los compradores asisten a los salones comerciales acompañados de otros compradores (o de los diseñadores de sus fabricantes) y, en ocasiones, de los directivos de su empresa. Las ferias comerciales tienen varios kilómetros cuadrados de superficie que albergan cientos de estands de vendedores, fabricantes, proveedores, etcétera. Asistir a un salón sin planificación previa puede convertirse en una pérdida de tiempo y de dinero para todos los que lo visiten.

En un mercado tan cambiante como el de la moda, los compradores suelen pasar demasiado tiempo en la oficina: realizan tareas administrativas, trabajan con el equipo de compras o hacen interminables llamadas telefónicas a sus proveedores. Los salones comerciales proporcionan a los compradores tiempo para reflexionar y les permiten hallar inspiración en el sector, mientras toman notas sobre aquellos productos con un excelente potencial de venta.

14

15
16

¿POR QUÉ LOS SALONES Y FERIAS COMERCIALES SON FUNDAMENTALES PARA EL COMPRADOR DE MODA?

El tiempo y el dinero invertidos en asistir a actos comerciales deben proporcionar como resultado directo beneficios para la empresa y permitir, al mismo tiempo, que los compradores:

× Se mantengan al día sobre los últimos avances y gamas de los proveedores, marcas o diseñadores, nuevos o consagrados.
× Recopilen nuevas ideas que sirvan para desarrollar gamas futuras.
× Establezcan relaciones con otros profesionales, organizaciones y empresas que contribuyan a mantener vigentes sus propias ideas y puntos de vista.
× Encuentren potenciales proveedores, marcas o diseñadores con quienes no trabajen en la actualidad.
× Confirmen que tanto las gamas desarrolladas como las que están en proceso de desarrollo siguen siendo relevantes para las temporadas futuras.
× Realicen pedidos, principalmente en el caso de los compradores de pequeñas empresas independientes que compran marcas de diseñador o de fabricante.

"No creo que las mujeres necesiten otro bolso negro. Todo el mundo tiene un bolso negro. Esta temporada necesita color."
Carolina Herrera

La predicción de tendencias

Aunque muchos estands presenten productos poco relevantes para el comprador, esto le permitirá descubrir nuevos tonos, texturas, modelos o estampados que pueden convertirse en ideas de uso potencial en el futuro.

Los compradores y diseñadores hacen bocetos y toman nota de detalles innovadores, o toman fotografías mientras pasean por la feria; los compradores bien organizados conservan notas detalladas de las visitas a ferias, junto con tarjetas de visita y folletos de actos. En ocasiones no se permite el uso de cámaras, por lo que antes se recomienda comprobar este detalle con la organización del salón.

17
18

17–18 VENDEDORES EN UN SALÓN COMERCIAL

Los vendedores instalan estands visualmente llamativos con la esperanza de atraer a los grandes minoristas. Los estands de las ferias comerciales no son baratos, por lo que los expositores suelen pagar importantes sumas por hacerse con uno situado cerca de la entrada o la salida, en las esquinas o en los pasillos.

Ningún comprador tiene tiempo para visitar todos los estands ni tiene sentido visitar a los proveedores con los que ya se trabaja, ya que estos suelen visitar con asiduidad las oficinas centrales de la empresa. Por lo tanto, al llegar, es esencial conseguir un plano de la feria para marcar y planificar las visitas a los nuevos estands o a los que puedan resultar relevantes.

Aunque se haya planificado la visita, es probable que surjan imprevistos bajo la forma de marcas o fabricantes interesantes y desconocidos. A menudo, los compradores colaboran entre sí, tomando notas sobre detalles de interés vistos durante el día e intercambiándolas al final de la jornada.

19

De compras

Dado que la mayoría de las ferias y salones de moda se celebran en las capitales mundiales de la moda, es normal que los compradores se tomen cierto tiempo libre para "ir de compras". Realizar una compra comparativa y encontrar marcas y diseñadores nuevos o aún por descubrir, puede resultar en una profusión de ideas para proyectos futuros. La mayoría de las grandes empresas de moda permite que sus compradores adquieran aquellos productos relevantes o novedosos que encuentren, a fin de mostrarlos en la oficina de compras.

Los viajes de compra comparativa, como las visitas a las ferias comerciales, deben planificarse rigurosamente. A menudo, antes de viajar al extranjero, las agencias de predicción de tendencias pueden proporcionar, a petición del comprador, una lista con los puntos de venta o las zonas comerciales de moda. Pasear por una capital de la moda ofrece al comprador la oportunidad de detectar las nuevas tendencias que se originan a pie de calle; esto constituye una excelente oportunidad para comenzar la fase de investigación de mercado necesaria para presentar nuevas marcas al minorista dentro de la gama de compras de la temporada.

20

19–20 LOS VIAJES DE COMPRA GLOBALES

En ocasiones, los compradores tienen la oportunidad de desplazarse al extranjero para visitar mercados con futuro, como la región japonesa de Kantao (arriba) o los mercados urbanos de Éfeso, en Turquía (abajo), en busca de nuevas marcas o de inspiración para sus diseños futuros.

La predicción de tendencias

Las semanas de la moda y las ferias y salones se celebran dos veces al año, lo que permite a los diseñadores y fabricantes de fibras, hilaturas y tejidos de marca (así como a los fabricantes de prendas) mostrar a los compradores sus gamas para la siguiente temporada. Estos actos suelen celebrarse en enero, febrero y marzo, y en septiembre, octubre y noviembre, y en ellos se exhiben las gamas de la siguiente temporada de otoño-invierno y primavera-verano.

Las ferias de fibras, hilaturas y tejidos

Las ferias de fibras, hilaturas y tejidos siempre son las primeras del ciclo y, como mínimo, se producen con un año de antelación respecto a la temporada de prendas. Los compradores de marcas genéricas suelen visitar estas ferias más asiduamente que los compradores de marcas de fabricante.

21 LOS DESFILES DE MODA INTERNACIONALES

Los compradores asisten al lanzamiento de la colección otoño-invierno 2013 del diseñador Dion Lee para David Jones. A menudo, los compradores de los pequeños minoristas se inspiran en empresas más grandes para asegurarse de que su gama de producto responda a la de los pesos pesados de la industria.

Las ferias clave del sector de la fibra son Pitti Filatti, que se celebra en Florencia, y la parisina Expofil. Las ferias textiles y de tejidos más importantes son Indigo y Première Vision (ambas celebradas en París), Tissu Premier (Lille), Moda In (Milán) e Inter Textile (Shanghái). Durante la próxima década asistiremos a un incremento significativo de la notoriedad de las ferias celebradas en China y la India.

Las semanas internacionales de la moda

Las ciudades que ejercen una influencia esencial en el mundo de la moda son París, en el caso de la moda femenina, y Milán, por lo que se refiere a la moda masculina. Otras importantes semanas internacionales de la moda tienen lugar en Nueva York, Tokio y Londres, y cada temporada suscitan un encendido debate sobre su preeminencia respecto a las demás. Hoy en día, muchos países organizan sus propias semanas de la moda, y la lista crece cada año.

Las semanas de la moda consisten, básicamente, en una combinación de desfiles de pasarela y muestras estacionarias; los actos se realizan en prestigiosos recintos a lo largo y ancho de la ciudad. Las semanas de la moda tienden a atraer al comprador del pequeño minorista independiente y de boutique, así como a un variado grupo de *fashionistas*, blogueros y figuras de la industria, que incluye la prensa de moda internacional. Los compradores de grandes empresas minoristas que compran líneas de marca y de diseñador también suelen asistir a estas semanas, aunque la presencia de compradores de marca genérica es menos frecuente.

"Es una nueva era de la moda en la que no existen reglas y en la que todo gira en torno al individuo y al estilo personal, en el que se mezclan las marcas de lujo, las marcas baratas, las firmas clásicas y las jóvenes promesas del diseño."
Alexander McQueen

21

Ferias internacionales del prêt-à-porter

Estos actos se producen dos veces al año, generalmente en grandes pabellones feriales o en recintos de exposición dedicados al comercio. Suelen consistir en estands estáticos con displays, y algún desfile ocasional con modelos.

Suelen durar cuatro o cinco días y atraen a un público amplio, entre los que se cuentan compradores de pequeñas boutiques independientes y de empresas mayores.

Entre las ferias más importantes se incluyen Prêt à Porter (París), CPD (Dusseldorf), MAGIC (Las Vegas), ISF (Tokio), Pitti Uomo, Pitti Bimbo y Modaprima (Florencia), y Pure (Londres).

Algunas ferias se especializan en un producto, otras son unisex o se dedican a la ropa infantil, mientras que otras pretenden atraer a los compradores más jóvenes y vanguardistas. Estas ferias atraen a fabricantes de marcas de todo el mundo, aunque algunas se enfocan al fabricante local.

Las empresas más pequeñas acuden a estas ferias para hacer pedidos, mientras que los compradores de las grandes empresas con marca genérica se dedican a la investigación, ya que es probable que ya hayan realizado pedidos a fabricantes de marca blanca. Es importante pensar que un alto porcentaje de los fabricantes mundiales produce exclusivamente para los compradores de marca de distribuidor y no tienen representación en este tipo de feria.

Previsión de tendencias

1 Norteamérica

Mercedes-Benz Fashion Week
Nueva York (Nueva York)

Bridal Fashion Week
Nueva York (Nueva York)

Los Angeles Fashion Week
Los Ángeles (California)

World Mastercard Fashion Week
Toronto (Ontario)

Mercedes-Benz Fashion Week
Ciudad de México (México)

2 Europa

Moda Uomo (moda masculina)
Milán (Italia)

Ethical Fashion Show
Berlín (Alemania)

London Fashion Week
Londres (Reino Unido)

Barcelona Bridal Week
Barcelona (España)

Stockholm Fashion Week
Estocolmo (Suecia)

3 Asia

Hong Kong Fashion Week
Hong Kong (Hong Kong)

Wills Lifestyle India Fashion Week
Nueva Delhi (India)

Mercedes-Benz Fashion Week
Tokio (Japón)

Seoul Fashion Week
Seúl (Corea del Sur)

Shanghai Fashion Week
Shanghái (China)

1

4

4 Sudamérica

Senac-Rio Fashion Week
Río de Janeiro (Brasil)

Columbiatex de las Américas
Medellín (Colombia)

Trinidad & Tobago Fashion Week
Puerto España (Trinidad y Tobago)

Fashion Rio
Río de Janeiro (Brasil)

Buenos Aires Fashion Week
Buenos Aires (Argentina)

5 África

Fashion at Design Indaba
Ciudad del Cabo (Sudáfrica)

Mercedes-Benz Fashion Week
Johannesburgo (Sudáfrica)

Fashion Week Tunis
Cartago (Túnez)

Dubai Fashion Week
Dubái (Emiratos Árabes Unidos)

The Hub of Africa Fashion Week
Adís Abeba (Etiopía)

3

5

22 FECHAS Y ACTOS INTERNACIONALES DE MODA

En el calendario anual de la moda existen muchos actos importantes que se celebran en todo el mundo. Los compradores deben familiarizarse con estos actos y asistir a los que resulten más relevantes para su labor.

6 Pacífico sur

L'Oréal Melbourne Fashion Week
Melbourne (Australia)

iD Dunedin Fashion Week
Dunedin (Nueva Zelanda)

Philippines Fashion Week
Pásay (Filipinas)

Rosemount Sydney Fashion Festival
Sídney (Australia)

Men's Fashion Week
Singapur (Singapur)

6

Caso práctico: Promostyl

La predicción de tendencias es crucial, ya que permite que los minoristas evalúen con precisión los productos que buscan sus clientes, tanto en la temporada en curso como en temporadas futuras y, aunque representa una inversión, puede proporcionar importantes beneficios. En la actualidad existen multitud de consultorías de tendencias; Promostyl fue una de las primeras en establecerse, y elabora informes sobre tendencias en moda, belleza, diseño y decoración desde la década de 1960. Hoy en día, Promostyl cuenta con más de treinta agencias en todo el mundo, y sus principales oficinas tienen sede en Nueva York, París y Tokio.

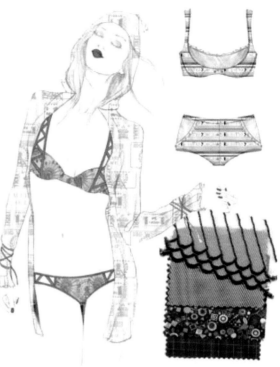

LINGERIE TRENDBOOK /// WINTER 13/14

THEME 1 : ENFANCES

The recreational world of childhood is expressed in colorblocks, games and inventories... for a fanciful yet structured lingerie.

PROMO**STYL**

PREVIEW /// LINGERIE   24

Promostyl interpreta los movimientos de estilo de vida, la mentalidad y las tendencias culturales emergentes a través de elementos como el color, las formas, los estampados y los textiles. Los pronosticadores de Promostyl utilizan métodos como la observación, las entrevistas y la exploración ambiental para detectar los cambios culturales que indican hacia dónde se dirige la sociedad en términos de moda y de diseño. Esta información permite que los minoristas, concretamente los compradores, formulen un marco estratégico en el que desarrollar con éxito un producto para sus consumidores y en el que estos se sientan estimulados a adoptarlo.

23-24 UN LÍDER EN LA
PREDICCIÓN
DE TENDENCIAS

Promostyl ofrece predicciones de tendencias y servicios de consultoría por todo el planeta a través de sus oficinas internacionales y de su página web (promostyl.com).

Caso práctico: Promostyl

25 LA DIFUSIÓN DE LOS INFORMES DE TENDENCIAS

Los clientes de Promostyl pueden acceder a los servicios de esta compañía a través de diversos formatos, desde las guías de inspiración disponibles en Internet hasta los paquetes de información en papel creados a medida de cada empresa. Cada método de difusión ofrece información profesional basada en investigaciones detalladas que ayudan al comprador a la hora de realizar la compra de las gamas futuras.

PROMO**STYL** & **PRINT**S◎URCE
Style Guide Spring /Summer 2012

POLYCHROMY

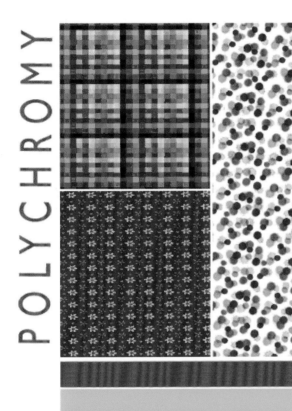

POLYCHROMY:
We awaken the senses with a techno-edge theme focused on the postive energy of light and color. An emphasis on electric and glitter effects boost the basics and infuse new life into casualwear. The palette is made up of bright tones that are offset by intense neutrals to form lyrical and dissonant harmonies. The print direction takes classic prints and infuses them with saturated colors and overlapping 3D effects.

25

Entrevista: Matthew Jeatt

Matthew Jeatt dirige Promostyl en Londres (Reino Unido). Dejó los estudios universitarios con una carrera como músico profesional en mente y pronto se convirtió en promotor de las giras de muchos artistas famosos, como Duran Duran, Meat Loaf, Gladis Knight y Stan Getz; más tarde se inició en la industria de la moda. Aunque Jeatt no se define como una persona creativa, le apasionan la música y la moda, dos sectores ricos en ideas y tendencias novedosas en los que ha prosperado gracias a su sagaz capacidad de observación y a su atención por el detalle. Jeatt es uno de los profesionales de la predicción de tendencias más respetados en la industria actual, un hombre con una habilidad singular para observar, ver, predecir y explicar tanto la cultura contemporánea como el futuro de la moda.

P ¿Por qué Promostyl sigue siendo una de las firmas más importantes en la predicción de tendencias?

R Somos auténticos y mantenemos la solidez de nuestras opiniones. No nos limitamos a ofrecer un servicio de recogida de datos, como sucede con muchas de las agencias de predicción de tendencias *online*.

P ¿Ha aumentado el número de minoristas y marcas que utilizan la predicción de tendencias? En caso afirmativo, ¿por qué?

R Gran parte de las principales empresas de moda cuentan con sus propios especialistas o departamentos de predicción de tendencias. Todas reconocen que la predicción de tendencias es necesaria, lo único que varía es el tamaño del negocio. No hay duda de que las empresas utilizan la predicción de tendencias de una forma más meticulosa.

P ¿Qué influencia ejercen los servicios de predicción de tendencias en el comprador o en la compra de moda?

R Bueno, los compradores tienden a mirar atrás e intentar repetir sus éxitos pasados, mientras que los diseñadores buscan la novedad. Nosotros ayudamos a los compradores a entender cómo evoluciona el color de temporada en temporada, un aspecto que les resulta realmente útil.

P ¿Cree que los compradores utilizan suficiente información sobre predicción de tendencias y de una forma adecuada? ¿En qué aspectos podría mejorar?

R En esencia, nuestra información genérica no se dirige a los compradores, aunque ofrecemos un servicio de predicción a medida que, en opinión de los compradores, les ayuda a ser más específicos por lo que se refiere a los looks y colores relevantes para su empresa durante una temporada.

P ¿Qué impacto ha ejercido la comunicación *online* sobre la predicción de tendencias? ¿Cómo han reaccionado los pronosticadores de tendencias ante estos cambios?

R *Online* es un término sin sentido que, principalmente, puede utilizarse de dos maneras: para decir, simplemente: "Hola, estamos aquí", o para satisfacer una demanda funcional, como vender un producto o proporcionar información. Algunas agencias de predicción solo ofrecen libros de tendencias, otras suministran la información a través de Internet, y otras usan una combinación de ambas vías.

P ¿La predicción de tendencias puede servir como inspiración a los minoristas de moda pronta? En caso afirmativo, ¿cómo?

R Sí; de hecho, estos minoristas utilizan la predicción de tendencias, aunque varía la rapidez con que la adoptan o entran en nuestro ciclo. A menudo, las empresas de moda pronta compran nuestros libros de tendencias futuras (con predicciones a veinticuatro meses vista) buscando elementos que puedan utilizar a doce meses vista, para reducir así el ciclo normal.

P ¿Se han producido cambios en el calendario de la predicción de tendencias? Por ejemplo, ¿los ciclos se han reducido o ampliado?

R A pesar del ímpetu inherente a la aparición de la moda pronta, no se han experimentado cambios notables. El antiguo ciclo de entre dieciocho y veinticuatro meses entre la planificación y la producción aún se aplica, pero actualmente nuestros clientes necesitan dar respuesta a la demanda de la moda pronta. Promostyl presta asistencia a sus clientes para que puedan reaccionar a las tendencias a corto, medio y largo plazo.

"El fundamento de la predicción de tendencias consiste en averiguar lo que algunos están haciendo, y en entenderlo y traducirlo antes de que los demás empiecen a hacer lo mismo."

Resumen del capítulo 2

En este capítulo hemos examinado las fuentes tanto formales como oficiosas de la información de tendencias que los compradores recopilan para desarrollar sus gamas futuras. El uso de los servicios de predicción de tendencias se ha extendido como resultado de la llegada de Internet, que permite transmitir ideas e imágenes de forma instantánea a nivel mundial. Por descontado, no existe una fórmula mágica en la predicción de tendencias que garantice que todas la líneas seleccionadas se conviertan en un éxito de ventas. En última instancia, todo se reduce a la destreza e ingenio del comprador, responsable de analizar, sintetizar y, finalmente, interpretar la ingente cantidad de información sobre tendencias disponible (tanto oficial como oficiosa). Los compradores no deben limitarse a observar lo que sucede a su alrededor, deben ser capaces de percibirlo.

Preguntas y temas de debate

Para ser un buen comprador de moda hay que poseer un alto nivel de cultura visual y una gran agudeza para la percepción del color. Los compradores deben examinar cientos de muestras de tejido, prendas y gamas, y ser capaces de sintetizar información (como, por ejemplo, detalles de estilo) relacionada con estos. Los compradores utilizarán esta información para desarrollar futuras gamas con diseñadores y fabricantes; por ello, una poderosa conciencia observacional y una buena memoria son requisitos necesarios para un comprador de éxito.

1. Dentro del mercado internacional de compras existen muchas similitudes y diferencias. Basándote en tu país de origen, piensa en las semejanzas y diferencias que existen entre tu mercado y los mercados extranjeros. Escribe una lista que las defina y anota los motivos por los que, en tu opinión, se producen estas semejanzas y diferencias.

2. Teniendo en mente el efecto "de Primark a Prada", identifica una tendencia del mercado de lujo o de precio medio que poco tiempo después se haya convertido en tendencia en el mercado opuesto. ¿En qué consiste esta tendencia? ¿En qué mercado se originó? En tu opinión, ¿por qué y cómo llegó esta tendencia al otro mercado?

3. Los compradores deben ser conscientes de las tendencias que se producen en los diversos segmentos de la sociedad. ¿Dónde pueden encontrar los compradores información sobre tendencias actuales, pasadas y futuras en esos segmentos sociales? Cita el segmento social y el tipo de punto de venta en los que se pueda realizar una investigación y un pronóstico de ventas.

Ejercicios

1. Reúnete con un grupo de amigos e id a visitar vuestra tienda de moda favorita. Una vez allí, céntrate en una gama, marca o producto que te guste y conozcas. Dedica un máximo de diez minutos a analizarlo; después, sal de la tienda y redacta notas sobre la visita. Comprueba cuánta información eres capaz de recordar. ¿Recuerdas, por ejemplo, las tallas, procesos, tejidos, marcas, colores o estilo de los artículos más importantes de la gama?

2. De camino al trabajo, a la escuela o a la universidad intenta recordar con detalle la ropa de alguien que viaje a tu lado o que pasee por la calle. Comprueba si eres capaz de recordar colores, tejidos, formas y accesorios; después, piensa por qué recuerdas la indumentaria de esa persona en concreto. ¿Era singular o diferente? ¿Respondía a alguna de las tendencias predominantes entre un determinado grupo o sector social? Redacta un informe de media página sobre los motivos que te hicieron recordar a esta persona y su estilo.

3. Repasa mentalmente los acontecimientos de la semana pasada y haz una lista de las ocasiones en las que te hayas topado con la moda. "Toparse" significa ver elementos de moda en cualquier medio de comunicación, al ir de compras, quedar con amigos o, de hecho, en cualquier situación en que hayas percibido la moda bajo cualquier forma.

4. Visita el centro comercial de tu ciudad y redacta un informe breve, de una página, titulado: "Los principales looks, tejidos y colores de esta temporada son...". Utiliza un encabezamiento diferente para cada sección e incluye bocetos, muestras de tejidos o recortes de revistas para dar cuerpo a la información.

5. Coge revistas o periódicos antiguos y actuales que tengas a mano (y que ya no necesites), y recorta las figuras clave que resuman mejor los principales looks de la temporada. Desarrolla un sencillo panel de tendencias que muestre las tres tendencias principales de la temporada, así como los colores clave. Presenta las imágenes sobre papel o cartón y prepara una presentación para tus amigos. Es un ejercicio excelente, ya que los compradores tienen que explicar looks usando paneles de inspiración o de tendencias.

1

LOS PROVEEDORES, EL ABASTECIMIENTO Y LA COMUNICACIÓN

3

En este capítulo examinaremos la importantísima relación que existe entre el comprador y el proveedor, y analizaremos la gestión de proveedores y su rendimiento en el contexto de la cambiante estructura de abastecimiento global. El capítulo ofrece una visión general de cómo los compradores gestionan las diferentes categorías de artículos y de cómo progresan hasta la selección de la gama final. Asimismo, se analiza el eterno problema de la contratación de proveedores que apliquen prácticas empresariales sostenibles.

En esta sección se define y se recalca el papel fundamental del comprador como comunicador en términos de relaciones corporativas, tanto con los departamentos internos de la empresa como con las agencias externas. Finalmente, examinaremos la ciencia textil y destacaremos la necesidad de que los compradores conozcan su importancia.

1 OTOÑO/INVIERNO 2010

La línea de alta costura Armani Privé, de Giorgio Armani, parece inspirarse en las líneas y formas del *art déco*.

¿Qué es una cadena de abastecimiento?

Una cadena de abastecimiento consiste en una serie de empresas que fabrican y distribuyen productos y servicios a los consumidores. La extensión y complejidad de la cadena de abastecimiento que va del fabricante al minorista varía en función del nivel de mercado y de la complejidad de fabricación del producto. A medida que la producción de tejidos y prendas se ha trasladado de los países occidentales desarrollados a las naciones en vías de desarrollo del Lejano Oriente, muchos plazos de aprovisionamiento se han dilatado; así, dependiendo del tipo de tejido y de los procesos de fabricación que requiere la prenda, los plazos de entrega pueden oscilar entre las tres semanas y los seis meses (o más).

Las cadenas de abastecimiento de la moda conllevan la cooperación de muchas personas, departamentos y empresas que no se hallan bajo el control directo del comprador de moda. Por regla general, las empresas minoristas de moda no son propietarias de toda la cadena de abastecimiento, aunque mantienen alianzas empresariales estratégicas con todos sus integrantes.

El papel del comprador en la cadena de abastecimiento

En toda empresa de moda (incluso en las que optan por tener sus equipos de diseño propios), el comprador toma la decisión final respecto a las líneas que se incluirán en la gama de productos de la empresa. El comprador debe seleccionar los productos que podrán venderse a un precio específico y en un momento determinado a la base de clientes-objetivo de la empresa. Por lo tanto, muchas personas, funciones, organizaciones y departamentos se ven afectados por la selección final del comprador (lo que representa una enorme responsabilidad para cualquier empleado), aunque la capacidad de llevar a cabo esta tarea es uno de los aspectos más respetados de la profesión.

CANALES DE ABASTECIMIENTO MINORISTA

FABRICANTE

Los fabricantes transforman las materias primas en fibras o hilaturas, las tejen, tintan y venden a mayoristas o trabajan con los compradores para desarrollar productos específicos.

MAYORISTAS

Los mayoristas almacenan artículos en grandes cantidades que más tarde serán vendidos o distribuidos a los minoristas. En las compras al por mayor suelen ofrecerse descuentos sobre el precio original.

Esta importante decisión influye en toda la cadena de suministro, desde los productores de tejidos y prendas, que entran rápidamente en acción al comprar material y planear sus futuros calendarios de producción, hasta los equipos del departamento de ventas del minorista, que deben planificar el surtido de productos, las acciones de marketing y las promociones de sus respectivos puntos de venta. Independientemente del lugar que se ocupe en la cadena de abastecimiento, el comprador marca el curso de acción de muchos de sus integrantes principales.

2 Aunque cada proveedor tiene un papel específico dentro del sistema (en ocasiones varios) el objetivo de todos ellos es proporcionar productos y servicios al consumidor, independientemente de si es mayorista o minorista.

LA CADENA DE ABASTECIMIENTO DE LA MODA

La mayoría de los minoristas tiene como función única distribuir artículos de uso personal a los consumidores. No obstante, una notable excepción a esta regla es la empresa española Inditex, propietaria de marcas tan conocidas como Zara, Zara Home, Pull & Bear, Massimo Dutti, Bershka, Stradivarius, Oysho, Uterqüe y Tempe. Esta compañía posee y controla una proporción significativa de su cadena de abastecimiento de textiles y prendas.

Otros minoristas de moda, como el Arcadia Group (antes conocido como Burton Group Plc), que incluye Topshop, Dorothy Perkins, Miss Selfridge y Evans, dijeron adiós a su función como fabricantes hace ya muchos años.

Las empresas que integran servicios deben realizar múltiples actividades en la cadena de abastecimiento. Existen tres tipos de integración de servicios que se producen en este tipo de procesos:

1 Integración vertical: una empresa realiza más de una actividad dentro de la cadena de abastecimiento.
2 Integración hacia delante: un fabricante realiza operaciones de venta tanto mayorista como minorista.
3 Integración hacia atrás: un minorista proporciona servicios de venta al por mayor y/o fabricación (aunque estos servicios suelen ser limitados).

MINORISTA

Los minoristas distribuyen los artículos al consumidor para su uso personal. Las tiendas muestran la gama de productos desarrollada por el comprador.

CONSUMIDOR

2

◀ ¿Qué es la cadena de abastecimiento?   La gestión de la cartera de proveedores ▶

78

La relación entre el comprador y el proveedor

Existen miles de proveedores y de marcas disponibles para el comprador de moda internacional; elegir al proveedor adecuado es tan importante (si no más) como seleccionar los looks de moda de mejor venta. Contar con una buena cartera de proveedores y mantener una sólida relación con los mismos es un requisito indispensable para el comprador de moda profesional.

La elección de proveedores

En la moda, lograr el equilibrio perfecto entre el abastecimiento y la demanda de gamas es más difícil que en cualquier otro producto de consumo. Por ello, los compradores de moda deben evaluar muchas y diversas cuestiones a la hora de trabajar con proveedores y, en particular, al introducir proveedores nuevos.

En el pasado, los compradores tenían más capacidad para introducir o descartar proveedores sin excesiva intervención por parte del equipo directivo; sin embargo, en un entorno de moda tan competitivo a nivel empresarial, es condición indispensable hacerse con una cartera de proveedores adecuada, ya que las relaciones de confianza pueden tardar mucho tiempo en afianzarse.

Debido a esto, los nuevos proveedores deben someterse, por regla general, a un proceso formal de control y criba para garantizar que sus estándares de producción cumplen tanto los criterios de calidad internacionales como los exigidos por la empresa, mientras se analiza su calificación crediticia. Cuando ya se han evaluado y verificado todos los aspectos del rendimiento de un nuevo proveedor, este se convierte en proveedor "certificado".

3 LAS REUNIONES CON LOS PROVEEDORES

Seleccionar al proveedor adecuado es tan importante como elegir el look de moda que se convertirá en un futuro éxito de ventas; así se garantiza que la calidad del producto esté a la altura de lo requerido tanto por el minorista como por los consumidores.

Los agentes locales

Aunque sus plantas de fabricación se encuentren a miles de kilómetros, los proveedores suelen contar con agentes locales para trabajar coordinados con el comprador u otros miembros del equipo de compras. Este servicio tiene un valor incalculable, ya que la mayoría de las factorías de producción están actualmente dispersas por diversos husos horarios internacionales. El agente también sirve como intermediario en las comunicaciones entre el proveedor y el minorista, y apacigua las desavenencias que pueden surgir entre ambos.

3

La llegada de Internet ha revolucionado las comunicaciones entre el comprador y el proveedor. Permite un rápido intercambio de datos, información e imágenes, así como establecer conferencias a larga distancia. Algunas oficinas de compras están conectadas con las principales plantas de fabricación a través de circuitos de televisión de alta definición (HDTV), lo que permite analizar los detalles de producción más nimios y realizar retoques; de esta forma se reducen los costes y se incrementa la eficiencia del negocio para ambas partes.

Este vínculo sin fisuras entre el proveedor y el comprador garantiza una mayor precisión en la producción, pues permite que los proveedores traten directamente con el minorista cualquier problema que pueda surgir con el producto. Tanto para el fabricante como para el minorista, la capacidad de reacción rápida puede representar un significativo ahorro en costes de producción originados por problemas que no se habrían detectado de no ser por el uso de las nuevas tecnologías o por un agente local.

◀ ¿Qué es la cadena de abastecimiento?　　　La gestión de la cartera de proveedores ▶

80

La relación entre el comprador y el proveedor

Las reuniones con proveedores

Las zonas de recepción de las oficinas de compras son lugares de mucho ajetreo, con un trasiego constante de proveedores y empleados que charlan e intercambian productos e información. Los proveedores suelen dejar muestras en el mostrador de recepción, y los jóvenes asistentes de compra son los encargados de recogerlas. El intercambio de prendas con el proveedor puede convertirse en una tarea interminable, ya que deben hacerse retoques, modificaciones y ajustes en las mismas.

Tampoco aquí existen unas reglas preestablecidas; la naturaleza del producto, el tipo de proveedor y el problema específico son los parámetros que suelen tenerse en cuenta al responder a la demanda. No obstante, los buenos proveedores tienden a organizar menos reuniones que los malos.

Cómo trabajan los compradores con los proveedores

Los compradores de moda experimentados comentan que, aunque siempre les contactan nuevas fuentes de abastecimiento, escasean los buenos proveedores. Tener éxito en la colaboración con cualquier proveedor requiere que se desarrolle una relación empresarial sólida y eficiente.

A pesar de que compradores y proveedores trabajen en estrecha colaboración, es preferible que entre ellos no se desarrolle una amistad, sino que mantengan una buena relación profesional que permita realizar juicios de valor objetivos en vez de tomar decisiones emocionales cuando se produzca una situación difícil.

4

5

CUALIDADES CLAVE QUE DEBE POSEER EL AGENTE DE UN PROVEEDOR

Como sucede con las relaciones personales, de vez en cuando las relaciones profesionales se ven sometidas a presiones. Aunque no existe una relación perfecta, idealmente el comprador de moda debería buscar las siguientes cualidades en el agente de un proveedor:

× Aptitud para asumir y responder a instrucciones de manera eficaz y eficiente.
× Capacidad de comunicación sólida, consistente y precisa a nivel escrito, oral y en medios electrónicos.
× Creatividad al interpretar cuestiones relacionadas con el desarrollo de prototipos en términos de línea, gama y categoría de producto.
× Temperamento firme y equilibrado, que mantenga la calma en momentos de presión.
× Confidencialidad a la hora de guardar secretos comerciales frente a los competidores y a la industria en general.
× Buen nivel de habilidad técnica y capacidad para resolver temas relacionados con la manufactura o la calidad.
× Honestidad en la negociación (fechas de entrega, precios, problemas y asuntos varios), así como en las relaciones empresariales.
× Eficiencia en general y capacidad para cumplir las promesas hechas.

En muchas empresas, los compradores de moda están obligados a informar de cualquier tipo de regalo o beneficio que les ofrezcan los proveedores para garantizar que sus decisiones empresariales son objetivas y que no les influye el chantaje. Los compradores retirados pueden confirmar que, tras perder el control de un presupuesto de compra anual en el sector minorista, son pocas las relaciones profesionales sólidas de antaño que se mantienen con los proveedores. La mayoría de los minoristas actuales no permite que los compradores acepten regalos de los proveedores, para evitar que caigan en la tentación de comprar productos que no respondan a los intereses de la empresa.

4–5   EL TRABAJO CON PROVEEDORES

Para desarrollar una labor de éxito con los proveedores se necesitan unas relaciones profesionales sólidas y efectivas en las que la honestidad esté presente en todos los acuerdos.

La gestión de la cartera de proveedores

Los nuevos proveedores potenciales contactan sin cesar con los compradores . Ya se trate de fabricantes, propietarios de marcas o agentes, todos quieren hacer negocio. La mayoría de los compradores de moda que trabajan para grandes empresas no tienen carta blanca para introducir nuevos proveedores, a no ser que haya un buen motivo para ello. Por lo tanto, los compradores deben reunirse y evaluar a los nuevos proveedores, aunque a menudo un comprador puede llegar a reunirse con más proveedores potenciales de los que necesitará jamás. Esto forma parte de la investigación de marketing oficiosa, una tarea esencial del rol del comprador.

Los proveedores se dan a conocer a los compradores por diversas vías:

× Por recomendación de un tercero, especialmente de compradores o ejecutivos de compras.
× Al ser abordados por los compradores.
× A través de revistas o artículos del sector.
× A sugerencia del equipo directivo.
× A través de los agregados comerciales de embajadas extranjeras.
× A través de Internet.
× Al asistir a ferias o salones comerciales en el extranjero.

CRITERIOS DE RENDIMIENTO CUALITATIVO

En el decurso de la planificación de una gama de temporada, el comprador analizará el rendimiento comercial de cada proveedor e incluirá los siguientes criterios clave:

× Un alto nivel de innovación en moda y de inversiones en diseño, que indican una clara orientación al cliente, lo que produce un beneficio potencial más elevado que deriva del desarrollo de productos de mayor venta.
× Eficiencia generalizada en toda la operación comercial. Un buen personal de ventas y de diseño produce un nivel de colaboración y comunicación más elevado y, potencialmente, mayores beneficios.
× Cumplimiento de estándares de comercio ético y responsable establecidos por la empresa a la que pertenece el comprador y por las leyes internacionales. No acatar estos estándares puede provocar una publicidad negativa y la pérdida potencial de clientes y beneficios.
× Respeto por los estándares de fabricación y calidad establecidos por la empresa compradora, que resulta en una reducción significativa de los fallos en el producto.

CRITERIOS DE RENDIMIENTO CUANTITATIVO

× Comparación de las unidades entregadas por el proveedor con el porcentaje de unidades vendidas a precio completo. La mercancía de determinados proveedores que exige descuentos excesivos genera menos beneficios a la empresa.
× Número de devoluciones por mala calidad o taras en el producto, que producen una reducción del beneficio debida a la pérdida de ventas.
× Número de entregas que llegan con retraso y que provocan una pérdida de beneficios debida a la pérdida de ventas.
× Valor de las existencias no vendidas al acabar la temporada, que resultan en una pérdida potencial de beneficios futuros por la necesidad de aplicar posibles rebajas de precio.
× Rapidez en la comercialización; la entrega rápida de nuevas tendencias de moda produce más beneficios y permite que el cliente consiga los looks más novedosos.

La supervisión del rendimiento del proveedor

Una buena relación profesional entre el comprador y el proveedor puede durar años o una temporada; si su mercancía no se vende, ningún proveedor tiene asegurada la continuidad en el negocio. Los sistemas de control de las existencias utilizan sofisticados informes de clasificación y valoración que manifiestan los problemas que pueden surgir con los proveedores.

En cualquier momento, los compradores y sus directivos pueden descartar a un proveedor cuyo rendimiento no sea adecuado y reemplazarlo por nuevos proveedores, a la espera de que sean más eficaces. Generalmente, los nuevos proveedores recomendados por los compradores deben superar un proceso oficial de aprobación antes de que los acepten como proveedores estándar. En el caso de compras de prueba de poco volumen, estos estándares pueden ser más laxos, en beneficio de la comercialidad y la rapidez.

Los directivos siempre presionan a los compradores para que reduzcan el número de proveedores con quienes trabajan, en un intento de:

× Alcanzar economías de escala, al comprar más unidades a un menor número de proveedores.
× Simplificar las tareas administrativas.
× Mejorar la gestión del tiempo por parte del comprador.
× Facilitar la toma de decisiones a la hora de comprar.

Constantemente se presiona a los compradores para reducir el número de proveedores con quienes trabajan, de manera que se alcancen economías de escala y se simplifiquen los procesos.

Cuestiones relativas al abastecimiento

Los compradores de moda siempre deben mantenerse al día de los movimientos que se producen en el mundo de la manufactura global. Como resultado de las transformaciones radicales en la producción de tejidos e indumentaria al acabar la Segunda Guerra Mundial, se ha visto un gran aumento de los departamentos especializados en abastecimiento, cuyos expertos trabajan codo con codo con los compradores.

En la mayor parte del mundo desarrollado, los precios de la moda se han reducido durante las últimas dos décadas, ya que los consumidores se han acostumbrado a comprar moda a precios muy bajos. Los compradores de moda deben alcanzar objetivos de beneficio, así que siempre intentan negociar la mejor oferta para sus empresas; sin embargo, limitarse a conseguir un precio económico puede ser peligroso y provocar el desarrollo de una gama de moda mediocre.

La fabricación de indumentaria barata

A día de hoy, la tecnología no ha podido reemplazar la habilidad humana para coser a mano. Debido al alto numero de técnicas que no pueden hacerse a máquina, la manufactura de prendas se ha trasladado de forma inevitable a países donde la mano de obra es más económica. Sin embargo, la producción de ropa barata también tiene su vertiente negativa y sus consecuencias pueden ser nefastas, tanto para quienes trabajan en su fabricación como para los países productores.

ASPECTOS POSITIVOS

× MEJORAS Y EFICIENCIA EN TRANSPORTE Y LOGÍSTICA.

× DESARROLLO DE OPERADORES MINORISTAS DE BAJO COSTE COMO, POR EJEMPLO, TIENDAS DE DESCUENTO.

× ÉNFASIS EN EL TRATO DIRECTO ENTRE FABRICANTES Y MINORISTAS, ELIMINA AGENTES O INTERMEDIARIOS INNECESARIOS.

× INCREMENTO GENERAL DE LA DEMANDA DE MODA A MEDIDA QUE LOS CONSUMIDORES OCCIDENTALES ALCANZAN UN MAYOR PODER ADQUISITIVO.

MODA A PRECIOS REDUCIDOS =

ASPECTOS NEGATIVOS

× LOS CLIENTES DESCARTAN SUS PRENDAS BARATAS TRAS UTILIZARLAS EN POCAS OCASIONES, LO QUE GENERA POLUCIÓN Y DESECHOS.

× LAS CADENAS MINORISTAS DE PRECIO MEDIO PIERDEN SU CAPACIDAD COMPETITIVA EN CUANTO AL PRECIO, LO QUE PROVOCA CIERRES, PÉRDIDA DE PUESTOS DE TRABAJO Y REDUCCIÓN DEL BENEFICIO.

× EL CONSUMIDOR SE ALEJA DEL CONCEPTO DE ROPA DE CALIDAD DE LARGA DURACIÓN, POR LO QUE LA CALIDAD Y EL ESTILO DERIVAN HACIA UN NIVEL BÁSICO.

La historia de la economía muestra que los países productores con mano de obra barata terminan por convertirse en países más caros cuando aumenta el nivel de vida de los trabajadores. Existen evidencias de que, en mercados baratos como la India, se produce lo que se ha dado en llamar una "carrera a la baja", en la que los fabricantes se han trasladado a países aún más baratos para reducir costes.

El abastecimiento global

Caza zona del planeta ofrece oportunidades potenciales para producir artículos de moda de calidad a bajo precio. La principal cuestión a la que debe enfrentarse el fabricante actual es conciliar la legislación internacional relativa al empleo con unos salarios competitivos para la mano de obra, que deben analizarse antes de cerrar cualquier tipo de negociación con proveedores extranjeros.

Asia y la India

Las zonas clave de producción de indumentaria que actualmente están experimentando un rápido crecimiento son China, la India, Sri Lanka y Bangladés. Otras zonas relevantes que también están creciendo son Camboya, Tailandia, Vietnam y el Tíbet. La manufactura de indumentaria en estos países tiende a migrar hacia países vecinos con una mayor oferta de mano de obra barata y disponible a corto plazo.

Europa occidental

La fabricación de tejidos y prendas en Europa occidental está sujeta a presiones derivadas de los costes de mano de obra, más elevados, especialmente en el Reino Unido, Francia, Alemania, Bélgica, los Países Bajos, Portugal e Italia. En los países que se han mantenido dentro del sector de la moda se producen prendas de muy alta calidad, diseño, precio y tecnología, o se utiliza la infraestructura industrial para fabricar productos de respuesta rápida. A menudo, la fase de acabado del producto se realiza en Europa con mano de obra que inmigra ilegalmente.

Europa del Este

Turquía es una importante zona de producción de indumentaria, junto con otros países de Europa del Este como Chipre, Hungría, Bulgaria y Rumanía. Estos países también padecen la competencia de precios que caracteriza a la producción asiática e india, más barata.

África y Oriente Próximo

África es, probablemente, el continente con más futuro dentro del sector. Sudáfrica es el principal productor del continente, aunque la manufactura también se ha desarrollado en diversos países norteafricanos (antiguas colonias), principalmente Argelia, Marruecos y Túnez. En el futuro, es probable que África llegue a ser la mayor zona de fabricación de indumentaria y textiles, debido al alto número de desempleados que podrían convertirse, potencialmente, en mano de obra barata. Algunas plantas especializadas en la fabricación de ropa operan en países de Oriente Próximo, como Siria, Egipto e Israel, aunque todas se enfrentan a la competencia china.

América

En sus orígenes, la otrora poderosa industria textil y de la indumentaria norteamericana estaba localizada en los estados sureños de Estados Unidos, productores de algodón, pero actualmente se halla en declive, como sucede con la industria europea. En México se ha desarrollado un floreciente sector de la manufactura de indumentaria a lo largo de la frontera con Estados Unidos, y ha adquirido una gran importancia.

6 EL PRECIO DE LA MODA

Cuando los minoristas se esfuerzan por mantener los precios bajos para los consumidores, pueden infravalorar los negativos efectos secundarios de esta filosofía empresarial.

Cuestiones relativas al abastecimiento

7 EL ABASTECIMIENTO GLOBAL

La fabricación de prendas se ha trasladado a países donde la producción es más barata, ya que hay muchos procesos que no pueden hacerse a máquina. Sin embargo, a nivel social y medioambiental existen potenciales aspectos negativos en los países que fabrican gamas de moda pronta para los países desarrollados.

7

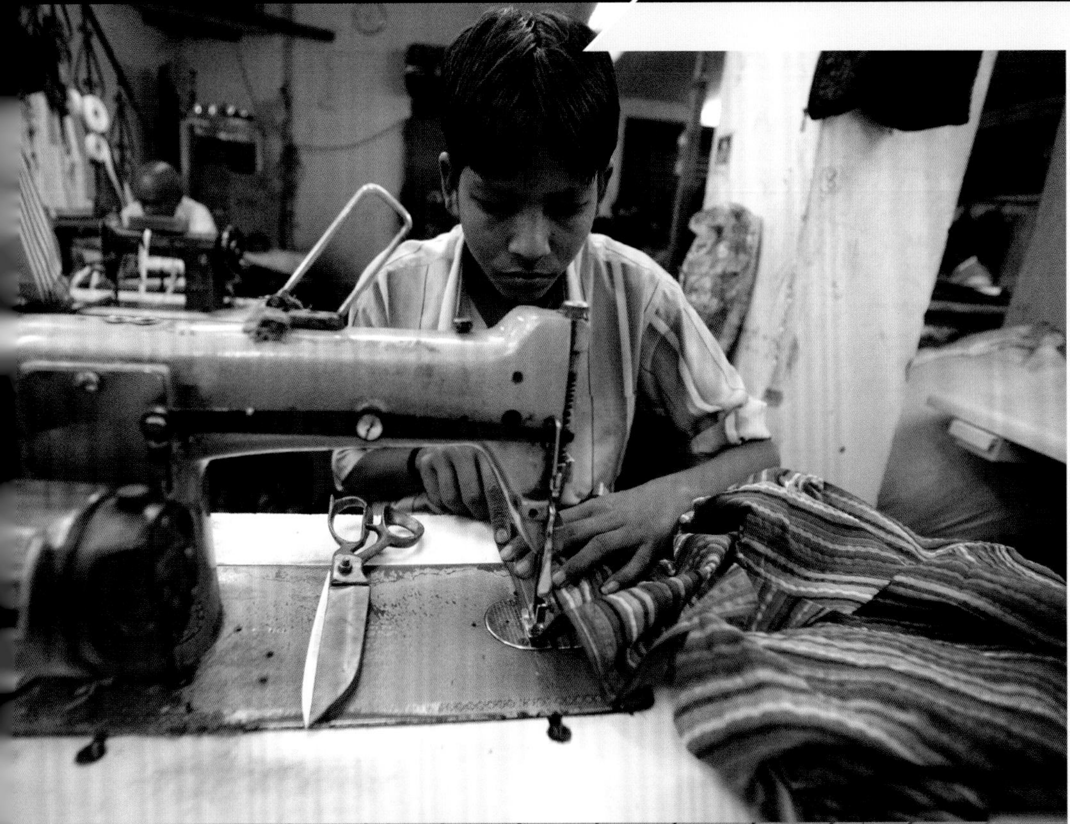

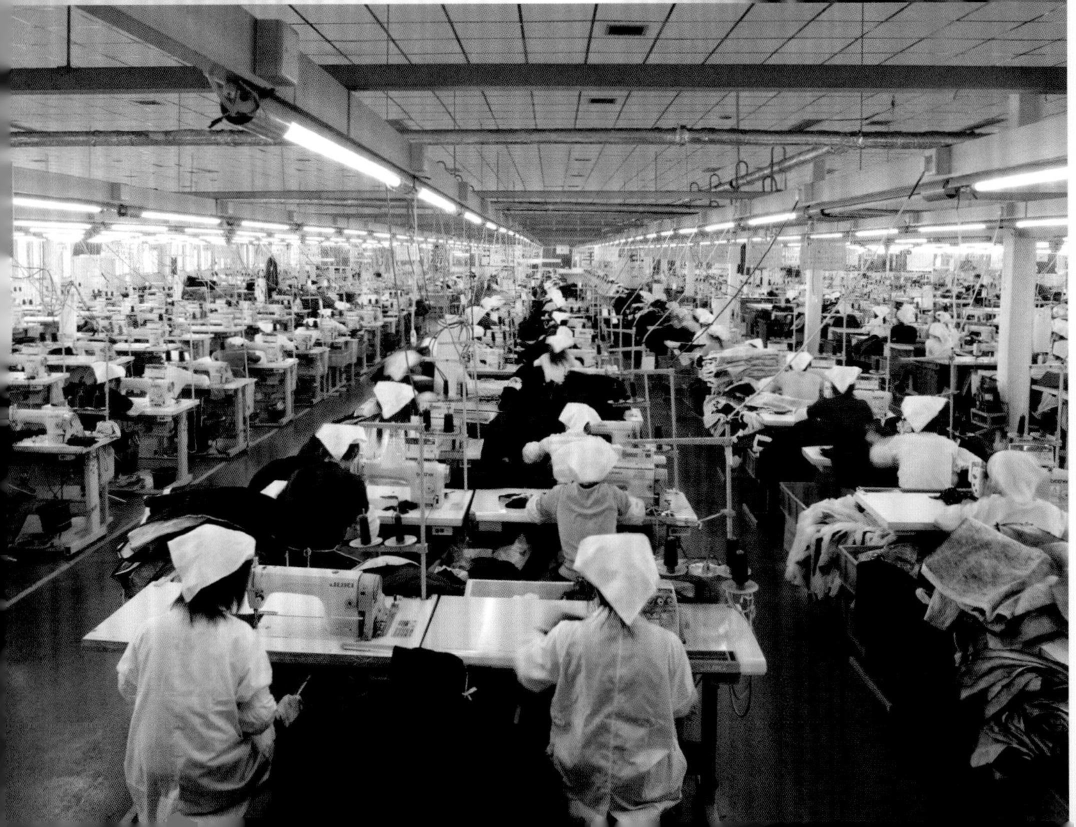

El desarrollo de las categorías de producto y la selección de líneas

Los compradores se plantean constantemente las compras de temporadas futuras, por lo que no dejan de recopilar y analizar ideas relativas al color, estilo y/u oferta de marca mucho antes de la compra. El comprador convierte sus ideas iniciales en prototipos o compra muestras cuando visita tiendas en el extranjero. Previamente, los merchandisers habrán trabajado con el comprador para decidir cuántas opciones de líneas, colores y tallas son necesarias para cumplir con el plan de compras de la siguiente temporada dentro de cada categoría de producto.

La elección de las categorías de producto

La primera fase crucial de la operación de compra consiste en decidir qué categorías de producto se desarrollarán y comprarán en primer lugar. Obviamente, las categorías con plazos de aprovisionamiento más largos (como, por ejemplo, las prendas de punto) deben tener prioridad sobre los productos más simples y con plazos de entrega rápidos, como los tops de algodón de tejido a la plana.

Durante la primera fase de predicción y planificación de stock, los compradores decidirán qué categorías de producto experimentarán un alza o entrarán en declive, y cuáles estarán o no en boga la próxima temporada. Asimismo, los compradores se reunirán con los diseñadores para hablar sobre tendencias, basándose en las directrices proporcionadas por algún servicio de predicción de tendencias. No obstante, nada es seguro; en esta fase del proceso de compra el comprador experimentado deberá poner en juego su habilidad para sintetizar gran cantidad de información y desarrollar así el equilibrio adecuado en cada categoría.

8

La selección de líneas

La siguiente fase del proceso consiste en seleccionar las líneas que formarán cada categoría. En primer lugar, el comprador tendrá que considerar el aspecto de la oferta de línea en puntos de venta tanto de pequeña como de gran superficie. La gama destinada a los puntos de venta de pequeña superficie es siempre la más difícil de decidir, ya que el número de opciones con las que satisfacer la demanda general de los consumidores y el espacio destinado al producto suelen ser limitados.

Los compradores parten de multitud de líneas disponibles que siempre exceden el número de productos que acabarán comprándose y llegarán a las tiendas. El comprador edita y descarta líneas continuamente hasta llegar a la selección final. El proceso de selección final lo realiza todo el equipo, incluyendo a los asistentes de compras; por lo tanto, el intercambio de opiniones y reflexiones entre comprador y merchandiser es fundamental durante este proceso. A partir de aquí, los compradores empezarán a buscar las fibras, hilaturas y tejidos que se utilizarán en la selección final de la gama.

CÓMO SELECCIONAR AL PROVEEDOR MÁS ADECUADO PARA DESARROLLAR UNA LÍNEA DE PRODUCTO

Aunque el precio de coste de los tejidos y prendas siempre debe tenerse en cuenta en la compra de moda, negociar el precio más barato no siempre es el principal objetivo. Los compradores de moda también buscan una serie de compromisos a la hora de seleccionar proveedores.

Calidad del producto
¿El proveedor (fabricante o marca) será capaz de entregar un producto que cumpla con los estándares de calidad definidos por la empresa? ¿Las prendas durarán después de usarlas y lavarlas? Los compradores deben evitar a toda costa las devoluciones por parte del cliente.

Entrega del producto
¿El proveedor es capaz de fabricar el producto a tiempo para entregarlo en el período de ventas previsto?

Nivel de moda del producto
¿El proveedor puede interpretar eficientemente los parámetros de moda requeridos? ¿La marca ofrece el nivel de moda adecuado? La creatividad del proveedor es fundamental.

Eficiencia en las comunicaciones
¿El proveedor se comunica de manera habitual y en todo momento con el comprador y con su equipo de apoyo?

Personalidad compatible
¿El agente del proveedor trabaja de manera óptima? ¿Mantiene una buena relación con el comprador?

Gestión ética de la producción
¿El proveedor gestiona su propio abastecimiento y fabricación de manera ética? Naciones Unidas, a través de UNICEF, establece unas reglas que determinan la edad sugerida (que suele ser dieciséis años) para que los jóvenes empiecen a trabajar en las fábricas.

8 OTOÑO/INVIERNO 2010–2011

La colección masculina de prêt-à-porter de Dolce & Gabbana se inspira en la sencilla estética de la ropa de trabajo, caracterizada por las camisetas de algodón, un producto con plazos de aprovisionamiento rápidos que puede fabricarse con rapidez.

La selección de tejidos

El color, los tejidos y las tendencias son el punto de partida de la compra de moda. En el capítulo 2 analizábamos cómo se utilizan las tendencias y la predicción de las mismas para tomar decisiones relativas a la compra. Una vez se ha decidido el estilo o el look de una gama de prendas, la selección de tejidos es, por regla general, una de las primeras decisiones que hay que tomar dentro del calendario de compra de moda, y conlleva una cuidadosa reflexión y planificación con relación a las prendas que deberán desarrollarse, y una selección adecuada de tejidos dentro de las gamas disponibles para el comprador.

Tipos de fibras

Los tejidos se fabrican con fibras naturales, de origen animal o vegetal (como la lana o el algodón), o con fibras artificiales, de base mineral o fabricadas con sustancias químicas de base sintética (como el acrílico o el poliéster). A menudo se tejen juntos varios tipos de fibras sintéticas y naturales para mejorar el aspecto o el tacto del tejido, o para dotarlo de determinadas propiedades funcionales.

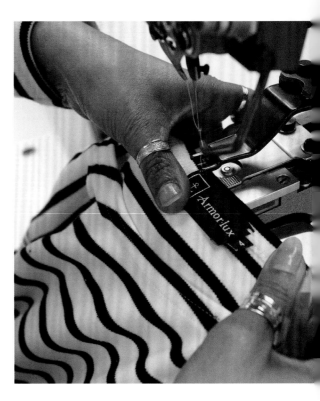

ELABORACIÓN DE GÉNERO DE PUNTO, TEJIDOS A LA PLANA Y AGLOMERADOS

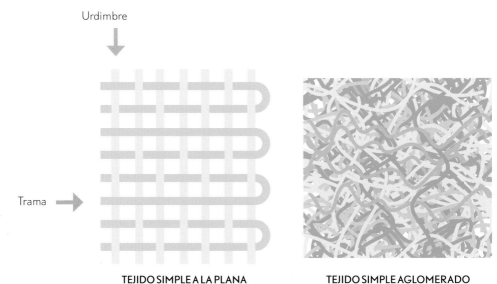

Urdimbre

Trama

TEJIDO SIMPLE A LA PLANA   TEJIDO SIMPLE AGLOMERADO

Tipos de tejido

Existen dos tipos principales de construcción de tejidos: los tejidos a la plana y los géneros de punto. Se analizan a continuación.

Géneros de punto, tejidos a la plana y aglomerados

Los géneros de punto se fabrican haciendo bucles con una o varias hilaturas. Estas hilaturas en bucle se conectan entre sí horizontal y verticalmente, y crean, respectivamente pasadas y columnas. Los tejidos a la plana se elaboran entretejiendo dos hilaturas, la urdimbre, dispuesta en sentido longitudinal, y la trama, que se dispone en sentido transversal al tejido.

Los tejidos aglomerados suelen usarse para forrar las prendas, mientras que las entretelas se fabrican adhiriendo fibras entre sí. Los tejidos pueden tintarse en hilo, en pieza o en prenda acabada (técnica conocida como "tintado en pieza"). En ocasiones, los tejidos se dejan sin teñir o "en crudo", lo que permite a los compradores decidir el color en el que los tintarán a medida que se acerca la temporada.

9

Aunque ningún comprador de moda conoce todos los tipos de fibra o hilatura existentes, la mayoría posee un buen conocimiento profesional de las ciencias textiles gracias a las diversas decisiones que deben tomar respecto a la idoneidad de los tejidos e hilaturas para las prendas que compran.

Tejidos estampados

Los estampados se dan en todo tipo de tamaños, colores y motivos, por lo que no es sorprendente que las tendencias en estampados suelan ser uno de los factores determinantes a la hora de planificar una gama de moda. El tamaño, posicionamiento y longitud del *rapport* de un estampado pueden repercutir en el coste de una prenda. Esto puede aplicarse a los estampados de grandes dimensiones, ya que, durante el proceso de corte, debe casarse el estampado, lo que provoca un gran desperdicio de tejido. Dada la celeridad con la que se expanden las tendencias de moda, los compradores suelen buscar estampados exclusivos para dotar a su gama de ventaja competitiva.

9 LA MANO FRENTE A LA MÁQUINA

Tanto los tejidos como su manejo durante la fabricación varían mucho. Por ello, ni los robots ni las máquinas pueden sustituir la pericia humana del maquinista.

10 LOS TRES TIPOS BÁSICOS DE TEJIDOS

Los compradores siempre deben estar al corriente de las innovaciones en tejidos e hilaturas, ya que esto puede permitirles introducir mejoras en los materiales con los que trabajan. Los avances tecnológicos en los tejidos han creado novedosas (y costosas) opciones para el mercado de la moda.

Columna

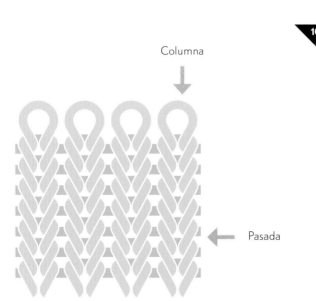

Pasada

10

GÉNERO DE PUNTO POR TRAMA DE FRONTURA SIMPLE

Los plazos de aprovisionamiento de tejidos y el ciclo de la compra de moda

Por regla general, los fabricantes de tejido desarrollan nuevos tejidos, diseños, estampados y looks con una antelación mínima de doce meses respecto a la temporada en la que se transformarán en una gama de prendas. Por lo tanto, a no ser que el comprador trabaje para una gran empresa, lo habitual es que compre tejidos provenientes de gamas existentes. Sin embargo, en ocasiones, algunos compradores a gran escala intervienen en el diseño de algún tejido a partir de cero. Las decisiones relativas al color y al estampado pueden posponerse, normalmente, hasta unos seis meses antes de la fecha de inicio de la temporada de compras.

Los viajes de abastecimiento

Dos veces al año, los compradores de marca genérica emprenden viajes hacia las principales zonas de producción para visitar tanto a sus proveedores de siempre como a los nuevos. Estos viajes suelen durar unas dos semanas y, a menudo, los directivos acompañan a los compradores, aunque con el propósito de visitar a otros proveedores.

Estas visitas se realizan para desarrollar muestras, planificar y definir la producción y la entrega, y para buscar nuevos productos, proveedores y/o marcas. Al mismo tiempo, los compradores intentan visitar zonas comerciales de interés en las ciudades extranjeras, pues buscan productos nuevos y estimulantes que puedan añadir a su combinación de elementos de moda.

Muchos consideran los viajes al extranjero como un privilegio propio de la profesión, aunque en realidad es una tarea muy exigente, dado el nivel de planificación previa requerido y el volumen de trabajo que comportan (a menudo, los compradores asisten a más de seis reuniones diarias). Cada vez es más frecuente que los compradores de países desarrollados (donde la manufactura local está en declive) deban desplazarse a los mercados productores globales, como la India, Bangladés, Turquía y el Lejano Oriente (en particular, China).

A menudo, los proveedores de fábricas remotas se reúnen con los compradores en oficinas de compra centralizadas para permitirles maximizar su tiempo de trabajo. Ocasionalmente, los merchandisers se suman a estos viajes, con el objetivo de planificar la producción.

11

11 EL ABASTECIMIENTO DE TEJIDOS

Muchos proveedores cuentan con tejidos ya diseñados y fabricados, disponibles para que los compradores realicen su selección, lo que acelera los plazos de aprovisionamiento.

LA CADENA DE ABASTECIMIENTO DE LA INDUMENTARIA DE MODA

1 Fabricante de fibras

2 Fabricante de hilaturas (tintado)

3 Fabricante de tejidos de punto
o a la plana (tintado 2)

EN EL EXTRANJERO

4 Fabricante de prendas

5 Transportista

6 Envío por aire/mar/carretera/
ferrocarril o transporte combinado

**12 LA CADENA DE
ABASTECIMIENTO DE
LA INDUMENTARIA
DE MODA**

Este diagrama ilustra la
cadena de abastecimiento
tanto para los puntos de venta
clásicos como para las ventas
por Internet, y muestra a los
intermediarios que intervienen
en el proceso, desde el
fabricante hasta el consumidor.

FORMATO MINORISTA CLÁSICO   VENTAS POR INTERNET

7 Llegada al centro de distribución
del minorista

8 Distribución por carretera a los
puntos de venta

EN EL PROPIO PAÍS

9 Llegada al punto de venta minorista

10 Consumidor

12

Los plazos de aprovisionamiento de tejidos y el ciclo de la compra de moda

El comprador de moda y el abastecimiento de tejidos

Todo comprador espera que sus prendas tengan cierta ventaja respecto a las de sus competidores, por lo que en este caso la búsqueda de tejidos innovadores puede jugar un importante papel. La investigación y la búsqueda constante de tejidos nuevos y atrayentes forma parte de la tarea cotidiana del comprador de moda profesional. Aunque las fibras y las hilaturas novedosas están en continuo desarrollo para proporcionar una ventaja competitiva a cada fabricante de tejidos, varía mucho la velocidad con la que estas innovaciones llegan al punto de venta.

En los diferentes niveles de mercado, los compradores deberán comprar tejidos a un precio razonable que permita convertirlos en prendas adecuadas para su nivel de mercado. Los precios de mercado de los tejidos varían drásticamente, desde un par de euros hasta más de tres mil euros por metro cuadrado.

Siempre debe tenerse en cuenta que el metraje utilizado para fabricar prendas varía en función de la prenda (compárese, por ejemplo, el tejido necesario para hacer un bikini con el que se necesita para confeccionar un traje nupcial de cola). Los compradores deben calcular con rapidez el metraje necesario para sus prototipos de producto, así como el límite máximo y mínimo de precios que pueden permitirse pagar por metro cuadrado.

LOS PLAZOS DE APROVISIONAMIENTO DE LA PRODUCCIÓN

Todos los factores que se enumeran a continuación, por separado o en conjunto, influyen en los plazos de aprovisionamiento.

× La situación económica general del país consumidor. Una economía sólida se traduce en una elevada demanda de prendas y, a su vez, en fábricas con calendarios de producción completos.
× La complejidad del producto adquirido incrementa la demanda de fabricantes especializados. Las fábricas que producen prendas de punto complejas suelen tener las fechas contratadas con más antelación que las que producen sencillos tops de tejido a la plana. Esto se debe a que la programación de las complejas máquinas de tejer es mucho más difícil y costosa que el corte y confección necesarios para producir tops de algodón a la plana de diseño simple.
× La disponibilidad y los plazos de aprovisionamiento de tejidos, forros, botones y forrituras.
× Las fechas de producción: las fábricas suelen tener menos trabajo en períodos previos al inicio de la temporada, lo que se traduce en plazos de entrega más reducidos. Cuando comienza la temporada, los pedidos de repetición del mercado general pueden provocar retrasos en las fechas concertadas para las entregas.
× El calendario de fiestas locales y, en particular, el Año Nuevo Chino, un festival de ciclo lunar durante el cual cierran la mayoría de las fábricas. Los compradores necesitan tener en cuenta estas fechas, ya que muchos productos se compran en China.
× Determinados tipos de prenda o de tejido que estén de moda durante una temporada concreta pueden generar una gran demanda.
× La fluctuación de las divisas: si la moneda local del país productor es barata para los compradores, se generará una gran demanda.

13-14 LAS INNOVACIONES TECNOLÓGICAS

En la actualidad, los telares y las tricotosas industriales son más rápidos y capaces de tejer diseños y motivos cada vez más intrincados. El comprador experimentado deberá mantenerse al día por lo que se refiere a los nuevos desarrollos tecnológicos.

13
14

Los compradores de moda deben reunirse con regularidad con los siguientes profesionales, departamentos y/o empresas:

× Personal de ventas/representantes/agentes de grandes fabricantes de tejidos.
× Distribuidores de tejidos que almacenan existencias al por mayor, habitualmente destinadas a empresas más pequeñas.
× Diseñadores propios y externos que permanentemente exploran el mercado en busca de tejidos nuevos y poco habituales.
× Otros compradores y técnicos de calidad del sector que también realizan una investigación constante.
× Fabricantes existentes y potenciales que buscan la novedad.
× Compradores de tejidos o técnicos de calidad de la propia empresa (algunas grandes empresas cuentan con un profesional que realiza estas tareas especializadas).

La selección y la compra de tejidos

Después de seleccionar el tejido o la hilatura, el comprador debe tomar las decisiones más importantes, es decir, seleccionar las prendas que se incluirán en la gama final y que deberá aprobar el equipo directivo. Por regla general, y a no ser que se trate de una empresa de pequeño tamaño, el comprador deberá someter su selección al visto bueno del jefe del departamento o de la directiva antes de realizar el pedido final (o "cerrar la compra") con el fabricante de prendas.

Junto con el diseñador y el planificador de stock de su equipo, respondiendo a un plan de compras predeterminado (que indique el número de marcas, modelos, colores y tallas que cada tienda deberá tener en existencias), el comprador reducirá gradualmente su selección inicial de muestras, más amplia, hasta llegar a la gama final, más restringida. Muchas de las muestras que se crearon los seis meses anteriores, durante la fase de planificación, se descartarán, ya que los compradores siempre encargan más muestras de diversas líneas de las que podrán incluirse en la gama final.

En el capítulo 4 presentaremos un análisis más detallado del proceso de planificación de stock, subrayaremos la importancia de conseguir la combinación idónea de artículos para los puntos de venta minorista y veremos cómo compradores y merchandisers trabajan mano a mano para garantizar un transición exitosa del fabricante al minorista. Este es un proceso que se produce antes, durante y después de la búsqueda de material y de la toma de contacto inicial entre compradores y proveedores.

15 COMPRADORES DE MODA FEMENINA

Los compradores de moda femenina tienen a su disposición un repertorio mucho más amplio de prendas para comprar que sus homólogos dedicados a la moda masculina, debido, sencillamente, a la infinita flexibilidad de modelos, tipos y diseños que se ofrecen.

15

16 COMPRADORES DE MODA MASCULINA

El guardarropa masculino presenta un repertorio mucho más limitado que el femenino por lo que respecta a los tipos de prendas.

16

Caso práctico: Primark

La historia de Primark, el exitoso minorista de descuento, es digna de mención. Esta pequeña empresa minorista, que inició su andadura en el Dublín de la década de 1960, se ha convertido en un imperio que abarca toda Europa occidental, con puntos de venta que operan en Irlanda, los Países Bajos, Alemania, Austria, Portugal, España y, por supuesto, en el Reino Unido.

Originariamente fundada con el nombre de Penneys (no debe confundirse con el minorista estadounidense J.C. Penney), como aún se la conoce en Irlanda, Primark tiene su sede en Dublín y comercializa prendas de vestir, accesorios y artículos para el hogar dirigidos a familias con un poder adquisitivo bajo o medio-bajo. El objetivo de Primark es ofrecer modelos de moda a bajo precio, sacando provecho del mercado de moda pronta.

Poseer un amplio mercado en Europa occidental permite que esta compañía compre en gran volumen al por mayor y disfrutar así de considerables descuentos que la empresa repercute en el consumidor. El factor de bienestar que proporciona Primark a sus clientes a través de un producto barato hace que la compañía pueda confiar en ellos a la hora de publicitarse a través del boca-oreja, necesario para seguir generando ventas, y reinvertir sus ganancias empresariales en otro tipo de negocios.

Primark es un negocio minorista con gran conocimiento empresarial, sólidamente afianzado en el mercado europeo, una empresa en rápida expansión que puede servir como inspiración a minoristas más pequeños.

17

17 LO ÚLTIMO EN MODA PRONTA

Primark es conocida por sus modelos económicos y a la moda, surgidos directamente de la pasarela. Los compradores trabajan con unos tiempos de respuesta extremadamente rápidos (en ocasiones, de menos de seis semanas) para trasladar con rapidez las tendencias de moda de las pasarelas al punto de venta.

Entrevista: Liam O'Farrell

Liam O'Farrell es controlador de compras en Primark. Profesional de la moda y de la indumentaria, con una larga experiencia en la compra y el abastecimiento de productos de moda en todo el planeta, O'Farrell ha desarrollado su carrera profesional con el mundialmente conocido minorista de moda irlandés Penneys, que en la actualidad es una empresa subsidiaria de Primark, el minorista europeo líder en precio de descuento. O'Farrell comenzó a trabajar en Penneys como aprendiz del responsable de tienda, y ascendió rápidamente en la escala profesional hasta alcanzar un puesto de comprador subalterno. Tras acceder a la oficina de compras, su carrera profesional progresó rápidamente, y O'Farrell se fue formando profesionalmente al pasar de sección en sección dentro del departamento. Ya despuntaba en su oficio cuando el legendario Arthur Ryan, fundador y actual director general del imperio Primark, se fijó en él. Las aptitudes y la competencia profesional de O'Farrell le llevaron a convertirse en el controlador de compras del grupo Penneys/Primark. Su conocimiento de las compras y del abastecimiento internacionales no tiene parangón, ya que fue el encargado de contratar a nuevos proveedores durante la meteórica expansión de Primark.

P El abastecimiento es una disciplina especializada relativamente reciente en el mundo de la compra de moda. ¿Cuál es la razón de su aparición?

R A medida que los minoristas de moda internacionales han ido creciendo, se han incrementado los volúmenes de compra que exige el negocio. Para encontrar proveedores con la capacidad necesaria para abastecer esta demanda hay que poseer un conjunto de aptitudes distintas a las del comprador; esto permite que los compradores se centren en el desarrollo de productos de gran venta mientras que los jefes de abastecimiento se ocupan de garantizar que las fábricas sean capaces de producir el volumen necesario al nivel idóneo de calidad.

P El abastecimiento de moda es una disciplina muy diferente de la compra de moda. ¿Podría definir en qué consiste esta diferencia?

R La tarea principal del departamento de abastecimiento es encontrar al proveedor y dejar cuanto antes esta recién iniciada relación profesional en manos del comprador. La relación entre el comprador y el proveedor es sacrosanta. El abastecimiento consiste en encontrar proveedores, mientras que la compra se ocupa de fomentar y desarrollar esa relación.

P ¿Cuáles son los cambios más notables que se han producido lo largo de su carrera en el sector de la compra y del abastecimiento internacionales?

R La distribución geográfica del abastecimiento. Cuando comencé mi carrera, todo se localizaba en Corea, Taiwán, Japón y Filipinas, que actualmente ya no son países abastecedores, sino centros administrativos y/o fabricantes de productos de moda de precio alto. Últimamente, los protagonistas son Indonesia, China, la India, Paquistán y Bangladés. Hoy en día, las cuestiones éticas también son de extrema importancia a la hora de seleccionar las fuentes de abastecimiento; cuando empecé, a nadie le importaba (o entendía) la ética profesional.

P ¿Cuáles son los principales criterios que utiliza a la hora de buscar nuevas fuentes de producción para la moda?

R En primer lugar, los mejores proveedores son, en mi opinión, los que tienen una buena capacidad de comunicación y que, por consiguiente, entienden lo que buscas de manera rápida y eficiente. El corte y la confección también son cruciales; el proveedor debe ser capaz de producir con una calidad y a un precio que resulten relevantes a tu empresa. Como nota aparte diré que, en mi opinión, la mayoría de los problemas con las fábricas los provocan compradores que no toman las decisiones a tiempo o que son incapaces de dar instrucciones concisas.

Entrevista: Liam O'Farrell

P ¿Cree que los compradores de moda hacen bien su trabajo por lo que se refiere al abastecimiento o, por el contrario, cree que necesitan la ayuda de un especialista?

R Los compradores suelen hacerlo muy bien por lo que se refiere a cuestiones de abastecimiento a corto plazo; sin embargo, los acuerdos empresariales a largo plazo deben negociarse aparte.

P ¿Qué técnicas o métodos utiliza para encontrar nuevas fuentes de abastecimiento para la moda?

R En primer lugar, siempre es conveniente analizar en qué países compra la competencia, lo que a menudo puede averiguarse al leer sus etiquetas. A menudo, quienes comercian en el sector conocen a nuevos proveedores.

P Cuando encuentra y contrata a un nuevo proveedor, ¿con qué cuestiones y problemas suele encontrarse?

R A veces lleva tiempo encontrar a un nuevo proveedor que esté acostumbrado a la cultura empresarial de tu compañía; además, el proveedor necesita saber qué quieres de él. Como he dicho antes, la buena comunicación es esencial en esta relación, porque cuando negocias grandes cantidades no puedes permitirte las hipótesis.

P ¿Cree que la mayoría de los minoristas de moda hace bien su trabajo a la hora de buscar y desarrollar nuevas fuentes de abastecimiento?

R A menudo, no demasiado, porque se acostumbran a los proveedores con los que trabajan. Si tomamos como ejemplo un país como Bangladés, veremos que el sector se está desarrollando con tanta rapidez que debes visitar constantemente nuevas fábricas para mantenerte al corriente de la situación, y muchos minoristas de moda no buscan ni investigan.

P ¿Cree que es buena idea cambiar de proveedores de moda de manera habitual o son mejores las relaciones empresariales a largo plazo?

R Aunque las relaciones a largo plazo son importantes, nunca se debe dejar de buscar mejores proveedores, ya que es fundamental para mantener la frescura de las gamas. En el caso de las relaciones a largo plazo, si es posible, debe pedirse a los proveedores principales que no negocien con nuestros competidores directos, a lo que el proveedor suele acceder.

P ¿Cuáles son las aptitudes personales necesarias para ser un buen profesional del abastecimiento de moda?

R Se debe tener buen ojo para el producto, conocer al cliente, entender los fundamentos básicos de la economía y, finalmente, mantenerse al día de todo lo que afecta al sector en su conjunto, como, por ejemplo, en qué países no se aplican tasas aduaneras. Hay que estar seguro de que determinado proveedor será capaz de producir los artículos deseados, que deben partir de una buena base de diseño.

P Si pudiese dar un consejo a quienes inician su carrera profesional en la compra y el abastecimiento de moda, ¿cuál sería?

R Que sean siempre curiosos y nunca dejen de buscar; siempre existen nuevos proveedores y nuevos países que se inician en este mundo. Que analicen constantemente las marcas de la competencia y la prensa especializada; hay que ser buen detective.

"La relación entre el comprador y el proveedor es sacrosanta. El abastecimiento consiste en encontrar proveedores, mientras que la compra se ocupa de fomentar y desarrollar esa relación."

Resumen del capítulo 3

En este capítulo hemos analizado la relación entre el comprador y el proveedor, y hemos examinado los diferentes participantes de la cadena de abastecimiento que intervienen en la selección y diseño de la gama final. Hemos tratado sobre las estrategias de investigación y comunicación del comprador, y sobre la necesidad de los compradores de gestionar óptimamente su tiempo y de poseer una mentalidad vanguardista. Hemos hablado también de cuestiones relacionadas con el abastecimiento, como los plazos de aprovisionamiento y la sostenibilidad, y hemos demostrado las muchas oportunidades que ofrece un mercado global competitivo. Asimismo, hemos analizado los conocimientos necesarios para llevar a cabo la selección de gama, como las ciencias del textil y el desarrollo de producto y, específicamente, el papel del comprador durante este proceso, para una mejor comprensión de esta ardua labor y de la necesaria atención por el detalle para realizar una compra de temporada acertada.

Preguntas y temas de debate

Tras haber leído cómo funciona el abastecimiento de producto para crear la oferta ideal para el cliente, reflexiona desde tu perspectiva como consumidor sobre las siguientes cuestiones:

1. ¿Qué tienda de moda, de entre las que eres cliente habitual, ofrece la mejor oferta global de producto?

2. ¿Qué aspectos de la(s) gama(s) de esta tienda hacen que esta oferta sea tan buena?

3. Cuando vas a comprarte ropa, ¿qué características buscas y consideras más importantes en una gama de moda?

4. ¿Qué temas o displays de los escaparates de moda hacen que te detengas a mirarlos?

5. Reflexiona sobre si el surtido de la superficie de ventas de las tiendas de moda que frecuentas es excesivo o escaso. ¿Qué consideras excesivo o escaso?

6. ¿Recuerdas qué había en el escaparate de tu tienda de moda favorita (colores/temas/procesos/tipos de prenda) la última vez que pasaste por delante?

Ejercicios

Los compradores suelen realizar compras comparativas; para ello, deben desarrollar aptitudes objetivas de observación sobre la comercialidad de las gamas de sus competidores que les permitan (tanto a ellos como a sus directivos) desarrollar la colección de la siguiente temporada.

Individualmente o por equipos, visitad dos tiendas de moda locales (a las que llamaremos minorista A y minorista B). Seleccionad minoristas de moda que sean competencia entre sí, con un cliente-objetivo de entre dieciséis y veinticinco años. Responded a las preguntas que aparecen debajo a medida que examinéis cada punto de venta (puede que tengáis que hacer varias visitas). Tomad notas fuera de la tienda, no mientras examináis el stock, ya que los minoristas son bastante susceptibles con los investigadores que trabajan al descubierto en sus tiendas; hacedlo con discreción.

1. En cada punto de venta, seleccionad un departamento (por ejemplo, vestidos, blusas, vaqueros), examinad detenidamente las líneas en stock y contestad a las siguientes preguntas:

    × ¿Cuántos modelos individuales están a la venta en la superficie de ventas del departamento elegido?
    × ¿Qué rango de tallas se hallan a la venta en ambos minoristas? ¿Existen variaciones entre ellos?
    × ¿Está a la venta, como mínimo, una talla por color? De no ser así, haced una estimación del porcentaje de opciones de talla y color que no están a disposición de los clientes.
    × ¿Cuántos colores o estampados diferentes están a la venta en cada departamento?

2. Después de visitar los dos puntos de venta para examinar detalladamente un departamento de producto en cada uno, preparad una presentación oral dirigida a un jefe de compras. Después, contestad a las siguientes preguntas (comparad el departamento de producto elegido del minorista A con el del minorista B):

    × ¿Quién tiene una oferta de producto más amplia y en qué porcentaje supera a la del competidor? Por ejemplo, ¿cuántas líneas o modelos individuales están a la venta?
    × Comparad el rango de tallas de los minoristas y comentad cuál tiene la oferta de tallas más amplia.
    × Comparad ambos departamentos en términos de profundidad de stock. ¿Cuál tiene a la venta un mayor número de unidades por talla y color?
    × ¿Cuál de los dos departamentos tiene la oferta más "equilibrada"?

LA PLANIFICACIÓN DE STOCK

4

Aunque muchos directores y jefes de departamento no acceden a este sector a través de la ruta de la compra, sino del merchandising, solo algunos principiantes de la industria de la moda optan por la vía del merchandising a pesar de que es una sugestiva y gratificante profesión. En este capítulo examinaremos la estrecha relación que existe entre el comprador y el merchandiser de moda, y contextualizaremos el complejo proceso de la planificación de stock. En este apartado, el término *merchandising* se refiere a la planificación cuantitativa y logística que conlleva el producto del fabricante al minorista, basándose en una meticulosa planificación previa.

Las operaciones de compra y merchandising deben tener una base sólida para maximizar el beneficio; por ello, el rendimiento empresarial del comprador de moda se mide con unos indicadores clave de desempeño (o KPI, *key performance indicators*), fijados por la empresa en función de sus objetivos económicos generales. El acierto en la previsión de ventas y en la planificación de stock es crucial para toda

¿Qué es la planificación de stock?

Los planificadores de stock deben realizar estimaciones diarias, semanales y estacionales de la demanda de uno de los productos de consumo más difíciles de predecir. La dificultad de esta tarea se debe a una serie de factores, entre los que la supervisión y el control de las existencias es, quizá, el más significativo. Si una empresa de moda no cuenta con suficientes existencias, perderá ventas respecto a sus competidores; por otra parte, si tiene un stock excesivo, habrá invertido un presupuesto para compras que, de hecho, está "muerto".

Para complicar aún más la situación, este stock inactivo satura el entorno de venta, e impide que el minorista pueda mostrar otro tipo de mercancía de mejor venta, lo que, a su vez, convierte la superficie de venta en un espacio de escaso interés para el consumidor. A la postre, esta situación conduce a una reducción del beneficio como consecuencia del descenso de ventas y de los grandes descuentos que se aplicarán a final de temporada, las devoluciones al vendedor (RTV o *return to vendor*) o las donaciones a organizaciones benéficas.

Aparte de algunos artículos como la calcetería y la ropa interior básica o los uniformes de trabajo, existen muy pocos productos que puedan trasladarse con éxito de una temporada a la siguiente; por ello, una sólida planificación del stock es fundamental para la empresa minorista. Los planificadores trabajan con los compradores y otros miembros de la empresa para garantizar que el producto adecuado se asigne a los puntos de venta en el momento oportuno. Los planificadores también colaboran en el tránsito del producto de temporada, así como en la distribución logística de artículos entre los diversos puntos de venta (si los hay).

2 LOS INDICADORES CLAVE DE DESEMPEÑO (KPI)

El análisis de los indicadores clave de desempeño permite que tanto los compradores como los merchandisers reaccionen con contundencia y rapidez en situaciones que podrían reducir el beneficio si no se actúa contra ellas (este tipo de situaciones se analizan más adelante).

La moda es uno de los productos de consumo más difíciles de comprar por las siguientes razones:

Imprevisibilidad
Las modas y las tendencias cambian rápida y frecuentemente, lo que puede dejar a una empresa con un exceso de stock invendible que reduzca el beneficio global.

Temporalidad
Cada temporada requiere tejidos y prendas de diferentes tipo y grosor; la climatología es impredecible, y provoca cambios repentinos en la demanda del producto. Por lo tanto, siempre es un problema mantener el nivel de abastecimiento adecuado.

Complejidad del producto
Existen muchos tipos de prendas para hombre, mujer y niño. Las prendas exteriores, la ropa interior, la indumentaria formal y casual, combinadas con las opciones de talla y color, generan, literalmente, miles de unidades de referencia de almacén (también llamadas SKU o *stock keeping units*).

La relación entre el comprador y el merchandiser

En el campo de la compra de moda, la gestión de merchandising suele confundirse con otra profesión de la moda, con el visual merchandising. Sin embargo, el merchandising de compras es muy distinto y requiere un alto nivel de competencia matemática para regular con éxito la planificación, así como para supervisar y controlar las adquisiciones propuestas por el comprador.

Por su parte, el visual merchandising se centra en la creación individual de un entorno propicio que atraiga a los clientes hacia la compra de productos mediante el emplazamiento estratégico del producto y los displays visuales. En ocasiones, si es una empresa pequeña, la labor que desarrolla un visual merchandiser para el minorista pueden incluir tareas de merchandising de compras.

En su labor conjunta, el comprador y el merchandiser suelen mostrar una autoridad gerencial similar. Habitualmente trabajan en estrecha colaboración para garantizar que su equipo de compras (que suele dedicarse a un solo departamento de producto) alcance los indicadores clave de desempeño que les hayan asignado específicamente, y que forman un conjunto de objetivos económicos bien definidos que debe alcanzar cada departamento en esa temporada.

Durante el proceso de planificación de las nuevas gamas o los análisis de rendimiento comercial que se realizan de forma regular, el comprador y el merchandiser suelen reunirse con el equipo directivo. Si un comprador está enfermo o de viaje, el buen merchandiser puede tomar las decisiones de compra cotidianas. De manera similar, los buenos compradores suelen ser muy hábiles con los números y son capaces de tomar decisiones operativas y de planificación de poca importancia, propias de la labor del merchandiser.

Al comenzar una temporada, los compradores y el merchandiser controlan y compran tres temporadas de stock simultáneamente.

- × **La temporada anterior:** liquidan existencias y aplican descuentos a las líneas de venta lenta.
- × **La temporada en curso:** realizan las entregas, controlan y reaccionan a las ventas, compran más o menos producto.
- × **La temporada siguiente:** planifican muestrarios, hacen pedidos y planifican las fases de entrega.

Obviamente, la complejidad de estas tareas requiere que compradores y merchandisers posean un alto nivel de disciplina, organización y capacidad de respuesta, ya que evaluarán su rendimiento según los indicadores que establezca el equipo directivo.

INDICADORES CLAVE DE DESEMPEÑO

2

PERÍODO DE EXISTENCIAS

TIEMPO QUE TARDA UNA TIENDA EN VENDER SUS EXISTENCIAS DE UN ARTÍCULO DETERMINADO. SUELE INDICARSE EN SEMANAS O MESES.

ÍNDICE DE ROTACIÓN

SE OBTIENE AL DIVIDIR EL NÚMERO DE ARTÍCULOS VENDIDOS ENTRE EL NÚMERO DE ARTÍCULOS EN EXISTENCIA. SE EXPRESA COMO UN PORCENTAJE INVERSAMENTE PROPORCIONAL AL PORCENTAJE DE VENTAS FINALES AL CONSUMIDOR.

MARGEN BRUTO DE RENTABILIDAD SOBRE LA INVERSIÓN

TAMBIÉN LLAMADO GMROI (*GROSS MARGIN RETURN ON INVESTMENT*), SIRVE PARA CALCULAR LA INVERSIÓN REALIZADA; PARA ELLO, EL IMPORTE FACTURADO CON UN PRODUCTO DETERMINADO SE RESTA DE LA INVERSIÓN REALIZADA EN EL MISMO.

¿Qué es la planificación de stock?

El instinto del comprador frente a la planificación

En el pasado, los compradores tenían una autoridad más directa sobre la compra del producto, especialmente durante los años en los que los sistemas informatizados de planificación y control de stock eran escasos. Actualmente, se encuentran disponibles para cualquier nivel del sector.

Sin embargo, los mercados globales de la moda se han vuelto cada vez más duros, mutables y veloces, y la competencia es cada vez más intensa. A esto hay que añadir unos consumidores más exigentes que constantemente demandan cambios radicales y que se subdividen en segmentos de mercado cada vez más pequeños, y plantean mayores retos a los minoristas.

En la actualidad, los consumidores pueden comprar a través de muchos canales y obtener lo que desean de manera inmediata, bien sea por Internet, con catálogos de venta por correo o en los puntos de venta situados en los centros comerciales. Asimismo, el consumidor ejerce una influencia cada vez mayor en el proceso de compra de moda, principalmente como consecuencia del uso de las tecnologías de comunicación personal y de una mayor velocidad en la transmisión de ideas (por ejemplo, a través de los medios sociales y de los teléfonos inteligentes).

3 LOS MERCADOS CAMBIAN

Con la continua introducción de micromercados de consumo, los compradores no solo necesitan utilizar la planificación estratégica sino desarrollar su instinto para el negocio, que resulta de mucha ayuda a la hora de seleccionar la gama final de productos.

"Nuestra forma de vestir es nuestra tarjeta de presentación al mundo, en especial hoy en día, cuando el contacto humano se produce con tanta inmediatez. La moda es un lenguaje instantáneo."

Miuccia Prada

Ya no es realista tratar de gestionar el negocio como antaño, es decir, planificando con entre seis y nueve meses de antelación. Hoy en día, los compradores, y en particular los merchandisers, deben reaccionar más rápidamente a los cambios en la demanda del consumidor para responder a ellos en forma de moda pronta. Por supuesto, los compradores y merchandisers continúan planificando con mucha antelación para permitir que las fábricas del extranjero realicen sus entregas, pero también deben ser capaces de cambiar sus planes con celeridad y dar una rápida respuesta a las cambiantes demandas de los consumidores.

Sin duda, el futuro nos depara un universo de compras de moda mucho más complejo que el que conocíamos hasta ahora. Hoy en día, los compradores deben cumplir con estándares mucho más altos y su rendimiento, gracias a la tecnología, puede analizarse mediante los indicadores clave de desempeño.

3

¿Qué es la planificación de stock?

Cómo se evalúa la eficacia de un comprador

Los compradores suelen estar bien pagados, ya que de su profesionalidad, destreza y habilidad depende la selección de líneas de mejor venta de la siguiente temporada. A menudo, a esta habilidad para escoger las mejores líneas se la llama "tener buen ojo"; sin embargo, pocos principiantes son conscientes de que el comprador de moda también debe orientarse a los objetivos económicos. La diversión en la moda necesita, ante todo, una sólida base financiera.

Como ya se ha mencionado en este capítulo, cada equipo de compra de producto acuerda con la dirección una serie de indicadores clave de desempeño que se utilizarán para controlar y evaluar al equipo. Si todos los equipos alcanzan los indicadores clave de desempeño previstos, la empresa generará altos beneficios, prosperará y podrá sobrevivir en el sector. Además de su salario básico, la mayoría de los equipos de ventas reciben primas si alcanzan la mayoría de (o, en ocasiones, todos) los indicadores clave de desempeño previstos.

Como primer paso, al comenzar una temporada se acuerda una previsión inicial de ventas, que suele ir seguida de una previsión de beneficios. El beneficio puede definirse, a grandes rasgos, como la diferencia entre el precio de coste de la prenda a la salida de fábrica y el precio al que se comercializará en el punto de venta.

En general, el histórico de ventas es la base sobre la que se crea el plan de compras. Si el rendimiento de un departamento ha sido bueno, se califica como departamento "en tendencia"; de manera similar, los departamentos que no alcanzan un buen rendimiento se califican como "fuera de tendencia". En la moda, es poco probable que todos los departamentos estén en tendencia al mismo tiempo; así, en ocasiones, los vestidos son un artículo imprescindible durante varias temporadas y pasan de moda en la siguiente temporada. Las prendas, como elementos de moda individuales, sufren altibajos en el universo de probabilidades de la moda.

Descriptores de los indicadores clave de desempeño

Más abajo se mencionan algunos de los indicadores clave de desempeño que se utilizan en las oficinas de compras de moda. Existen otros indicadores, pero estos son los más importantes para planificar, controlar y hacer el seguimiento de la moda en su conjunto:

Previsión de ventas
- × Importe real recaudado en ventas minoristas expresado en la divisa local.
- × Diaria/semanal/mensual/por temporada/anual.

Histórico de ventas
- × Importe real recaudado en ventas minoristas expresado en la divisa local en el mismo período que el año anterior.
- × Diario/semanal/mensual/por temporada/anual.

Previsión de ventas
- × Estimación del merchandiser del incremento o reducción de ventas respecto al plan.
- × Diaria/semanal/mensual/por temporada/anual.

Nivel de existencias
- × Valoración de las existencias de la empresa expresada en su precio de venta al público en la divisa local.
- × A cierre del día/de la semana/de la temporada/del año.

Margen bruto de beneficio
- × Diferencia entre lo que el comprador paga por los artículos y el precio al que se venden, expresado como valor total en efectivo y como porcentaje.

4 DIVERSOS DESCUENTOS

Cuando un minorista pone a la venta muchos artículos rebajados, esto indica que, probablemente, el equipo de compras ha adquirido demasiadas unidades de surtidos múltiples o que determinada tendencia ha llegado a su fin antes de que pudiesen venderse todas las existencias.

Rotación de existencias/ Cobertura de stock
Este descriptor indica la ratio de eficiencia. Las empresas de moda eficientes rotan sus existencias con rapidez; es lo que se conoce como *alta rotación de inventario*. La cobertura de stock se refiere al número de semanas que las existencias tardarán en agotarse. Cuantas menos semanas tarden en venderse, más rápida será la rotación de stock, lo que indica la eficiencia en la compra y la venta, y genera un mayor beneficio.

Nivel de descuento
Incluso las mejores empresas de moda tienen en stock líneas de baja rotación a las que deberá aplicarse una reducción de precio para venderlas. Cuantas menos líneas deban rebajarse, mejor; esto indica que el comprador compra mercancía de alto rendimiento. Aunque parezca difícil, es aconsejable que las empresas prevean los descuentos que aplicarán cada temporada.

El descuento se expresa como una valoración de efectivo (en ocasiones, como un porcentaje) del número de artículos descontados multiplicados por el importe del descuento. En ocasiones se aplica un incremento de precios, como, por ejemplo, cuando se incrementan los costes de fabricación o fluctúa el cambio de divisas.

Margen neto alcanzado después del descuento (NAMAD)
El *net achieved margin after discount* (NAMAD) es la diferencia entre el margen bruto menos el beneficio perdido como resultado de tener que aplicar descuentos a líneas de poca venta; en ocasiones se denomina *margen neto de venta*. Es el mejor indicador del nivel de rendimiento y beneficio general de un comprador.

Margen bruto – pérdida de beneficios (en negativo) = NAMAD

¿Qué es la planificación de stock?

¿Qué es la planificación de stock?

Todas las empresas de moda comienzan su planificación desde la dirección que, antes de que comience la temporada, realiza una estimación de la cantidad de mercancía que se prevé vender (y que, por lo tanto, tendrá que comprar). Las dos principales temporadas comerciales son el otoño/invierno (desde principios de septiembre hasta febrero) y la primavera/verano (de marzo a agosto). Tras las negociaciones iniciales con dirección y, por regla general, unos seis meses antes del inicio de la temporada, se entrega a los compradores el plan de ventas minorista (también llamado *presupuesto*) de la temporada futura, en el que se basarán para realizar las compras.

Después, merchandiser y comprador trabajarán codo con codo en una serie de reuniones de planificación para desglosar el plan general de ventas y determinar cuántas gamas, tallas y colores se necesitarán para formar una gama coherente y lógica, que se entregará a la cadena de tiendas. Es un proceso complejo que se basa, principalmente, en una combinación de los datos históricos de ventas con el punto de vista del comprador, conjeturas sobre el futuro e información sobre tendencias.

Los compradores suelen realizar la compra partiendo de un plan de gama detallado, y especifican al proveedor las cantidades que deberá entregar a la empresa por líneas, semanas y colores. No obstante, algunas empresas más vanguardistas y direccionales realizan una planificación menos estricta, y dejan en manos del comprador una partida presupuestaria para compras (llamada OTB, *open to buy*), que se realizan justo antes de la fecha de entrega, dependiendo de la tendencia de moda o de la demanda más recientes.

Planificar la totalidad de una gama con demasiada antelación puede ser peligroso para cualquier empresa de moda, de ahí la necesidad de contar con la flexibilidad que ofrece el *open to buy*. Los planes de gama suelen presentarse en formato de hoja de cálculo que, a su vez, se integra en un sistema mucho más amplio y complejo de planificación y control de stocks que ayuda a controlar, hacer el seguimiento y gestionar toda la cadena de abastecimiento, desde el fabricante hasta el punto de venta.

5

Unos quince meses antes del inicio de la temporada de ventas, los compradores y merchandisers suelen plantear un plan de ventas vertical que la dirección propondrá y debatirá con cada equipo de compra de producto y de merchandising durante la planificación inicial. En esta fase, el comprador y el merchandiser trabajan con la dirección para decidir la cantidad global de compras necesarias para alcanzar la previsión de ventas propuesta.

Toda la planificación inicial se basa, en conjunto, en el precio de venta minorista, y el comprador y el merchandiser deberán determinar con precisión qué porcentaje de cada categoría de producto podría integrarse en el plan (si se establece así). La dirección examinará este primer desglose del presupuesto para compras elaborado por el equipo.

El comprador lleva la voz cantante a la hora de decidir qué tipo de producto estará o no en tendencia en la temporada futura que se planifica en ese momento. Aquí convergen la intuición del comprador y el conocimiento de los datos históricos de ventas del merchandiser para realizar el diseño preliminar del plan. Durante los seis meses previos al inicio de la compra (para una temporada que, probablemente, no comenzará hasta al cabo de doce meses), este plan básico será cada vez más detallado y consistente.

5 LAS REUNIONES DE PLANIFICACIÓN

Los compradores y merchandisers se reúnen regularmente para tratar sobre los detalles de la gama futura; a menudo, a estas reuniones asisten miembros del equipo directivo para asegurarse de que las previsiones de ventas y los totales de la temporada anterior sean correctos.

LA PLANIFICACIÓN DEL SURTIDO DE PRODUCTO

Es el proceso en el que se determinan las cantidades (y características) de cada clase de producto que deberá adquirir el comprador basándose en estos factores:

Marca
¿La empresa compra marcas genéricas o firmas de fabricante? ¿Cuál es la ratio de marcas genéricas respecto a marcas de fabricante? ¿Qué marcas de fabricante deberían añadirse a la gama propuesta?

Tallaje
Basándose en su mercado de consumo y en su público-objetivo, ¿qué tallas deben incluirse en los pedidos de la empresa? ¿Tendrá una oferta de tallas más amplia para la venta *online*?

Color
Las preferencias del consumidor respecto al color varían de forma radical, por lo que es importante mantener un surtido variado tanto de colores clásicos como de colores en tendencia para la temporada. El comprador deberá determinar las cantidades necesarias de cada color para mantener unos niveles de stock estables.

Tejido
Escoger los tejidos adecuados para la temporada es fundamental (como ya vimos en el capítulo 3). Para tomar esta decisión de compra, el comprador deberá analizar las tendencias y la climatología de los diferentes mercados.

Al iniciar el proceso de planificación, los compradores deberán tener en cuenta las ventas de las temporadas anteriores, las tendencias futuras y, lo que es más importante, las necesidades del consumidor.

◀ ¿Qué es la planificación de stock?　　　Los prototipos de productos y la preparación de la gama final ▶

116

El desarrollo del plan inicial de compras de la temporada

El plan inicial ofrece un primer desglose del empleo del presupuesto en cada categoría. Los descriptores de categoría varían según la empresa, aunque, por regla general, se explican por ellos mismos. Este desglose inicial en porcentajes de gasto por categoría suele sufrir pequeñas rectificaciones debido a problemas, diversas cuestiones, acontecimientos y experiencias varias, hasta determinar el precio de compra. Diversos factores pueden alterar la planificación inicial por categorías como, por ejemplo, los cambios en las tendencias de moda, tejidos o prendas. Los compradores de moda quieren contar con las máximas garantías a la hora de realizar la compra; cuanto más cerca esté la temporada, más posibilidades tendrán de acertar con su selección.

La previsión de ventas y de stock

Los compradores trabajan con todos los integrantes de la empresa minorista, recopilan información sobre las ventas de temporadas anteriores, las nuevas aperturas de tiendas, las preferencias del consumidor, etcétera. Esta información les permite calibrar con precisión qué artículos deberán comprar y en qué cantidad para la gama de la temporada siguiente.

Aunque cada minorista genera sus propios informes de venta, todos se parecen, pues proporcionan información sobre las ventas de la temporada o del año anterior de un determinado departamento. Estos informes pueden ser muy específicos y ofrecer detalles relativos al color y al tallaje, o información general sobre los totales de ventas de toda la indumentaria femenina.

Estos informes permiten que el comprador prediga las ganancias de cada departamento, basándose en los totales que proporciona la dirección; en ese momento, el comprador ya puede determinar las compras necesarias para alcanzar estos objetivos de venta específicos. A medida que el comprador y el merchandiser trabajan en el plan de gama de la temporada, estas propuestas de planificación son más detalladas y precisas, para que todo el personal de la empresa sepa en qué dirección se orienta la compra.

6 PLANIFICACIÓN DE LA ROPA FEMENINA

Esta tabla muestra el flujo de los procesos de planificación y compra, desde el plan inicial hasta el inicio de la temporada. Debido a los diferentes plazos de abastecimiento por tipo de producto y a los niveles de producto de moda pronta de cada empresa, solo es una aproximación.

El surtido de producto varía en función de muchos factores, que incluyen la temporada, la ubicación, las tendencias en curso y futuras, y las preferencias del consumidor.

MODELO DE PROPUESTA DE PLANIFICACIÓN INICIAL – ROPA FEMENINA – PRIMAVERA/VERANO

Departamento	Histórico de ventas reales del año pasado (primavera/verano) En miles de euros	Previsión de ventas para el año en curso (primavera/verano) En miles de euros	Variación porcentual (+/–) Histórico de ventas frente a previsión de ventas	Análisis para el incremento o la reducción de las ventas
Vestidos	150	200	+ 33,3 %	La predicción de tendencias pronostica un fuerte resurgir del estilo de la década de 1950.
Blusas	100	110	+ 10 %	Las camisas formales no están de moda; se opta por un look informal.
Tops informales	200	250	+ 25 %	Look potente, casual y fácil de llevar.
Pantalones	50	50	— (o estable respecto al año pasado)	Los pantalones de vestir no han sido el plato fuerte en los desfiles.
Camisas	100	150	+ 50 %	La minifalda vuelve a estar de moda.
Vaqueros	150	200	+ 33,3 %	Se prevé un interés masivo por los vaqueros de marca con diferentes lavados.
Pantalones cortos	25	50	+ 100 %	Según las predicciones, los pantalones cortos cogen fuerza.
Ropa de baño	80	100	+ 25 %	Se prevé un verano cálido = estampados nuevos y estimulantes.
Lencería/Ropa interior	100	105	+ 5 %	Estable/estático; no se introducen nuevos productos.
Calcetería	40	35	- 12,5 %	En declive; el bronceado de piernas es la tendencia dominante.
Accesorios	80	100	+ 25 %	Los bolsos y las gafas de sol de estilo italiano siempre están de moda.
Total	1.075.000 €	1.350.000 €	+ 25,6 % *	*Denota una sólida planificación en la previsión global de crecimiento de la indumentaria femenina.

6

◀ ¿Qué es la planificación de stock?　　　Los prototipos de productos y la preparación de la gama final ▶

118

El desarrollo del plan inicial de compras de la temporada

El surtido de mercancía

Tras analizar los informes de venta que contribuyen a la creación de la gama de compras de la temporada, los compradores examinan el surtido de artículos, o la clasificación de la mercancía, para determinar las necesidades específicas de producto en que deberá invertir la empresa durante esa temporada. Por ejemplo, al pasar de la temporada de invierno a la de primavera, los compradores comenzarán a reducir las prendas gruesas de exterior, abrigos, etcétera, para abrir paso a tops y partes de abajo más ligeras, al prever un cambio en las condiciones climáticas.

También es posible que el fabricante presente nuevas siluetas o materiales al comprador, quien deberá decidir en qué categoría debería clasificarse esta mercancía (por ejemplo, prendas de punto, prendas de tejido a la plana, ropa casual, ropa de noche, etcétera). En ocasiones, el surtido de producto viene determinado por el clima, la ubicación, la tendencia o una combinación de todos estos factores.

La selección y la clasificación de gamas

Los factores que determinan el momento y la forma de comprar una gama dependen de si el comprador compra artículos de marca de fabricante o de marca genérica. La compra de marcas de fabricante o de artículos de marca suele realizarse cuando se acerca el inicio de la temporada, ya que del diseño del producto y de los procesos de negociación con las fábricas ya se ha ocupado la marca; el comprador se limita a seleccionar una gama preparada de antemano.

La compra de marca genérica es más compleja, pues tiene unos plazos de abastecimiento más largos que la de los artículos de marca. Sin embargo, en el caso de ambos métodos, el comprador (en conjunción con el merchandiser) sigue siendo quien deberá reducir la gama hasta que sea adecuada para determinada empresa y se base en los plazos negociados.

7

Los compradores siempre barajan más prototipos de los que podrán incluir en su selección final de gama, ya que el espacio disponible en los puntos de venta es limitado. Las tiendas de una cadena cuentan con diversas superficies, y así limitan la superficie de ventas y de almacenamiento. Habitualmente, las compañías unifican las empresas de superficie similar en grupos de cinco o diez. Cada equipo de compras y de merchandising tendrá que planificar el número exacto de líneas destinadas a cada tienda; las tiendas de mayor superficie recibirán una gama de líneas más amplia o más completa.

Los merchandisers y los compradores dedican gran parte de su tiempo a clasificar jerárquicamente las gamas en orden de importancia. De hecho, decidir qué líneas deben enviarse a los puntos de venta de pequeña superficie es la tarea más complicada, pues esta pequeña gama deberá satisfacer al mayor número posible de consumidores mediante una oferta limitada, y conseguirlo es muy difícil.

7–8 EL EXAMEN DE LAS MUESTRAS

El comprador debe asegurarse de que los prototipos de prendas cumplan con las especificaciones de producto descritas en el pedido inicial de muestras. Los merchandisers trabajan junto con los compradores para garantizar que el surtido de producto asignado a cada tienda se base en las necesidades del consumidor, en las tendencias, en la situación del punto de venta, etcétera.

8

Los prototipos de productos y la preparación de la gama final

La recopilación y el descarte de prototipos y/o de muestras de tejido y color es un proceso continuo dentro de la etapa del desarrollo de gamas. Los buenos compradores siempre recopilan ideas para colores, texturas e inspiración para diseños que podrán utilizarse a la hora de desarrollar las gamas de marca genérica. A semejanza de los diseñadores de moda, la mayoría de los compradores archivan recortes, fotografías y dibujos que pueden serles de utilidad. Las muestras se presentan en la reunión final de gama, que suele versar sobre modelos, para mostrar el producto de la forma más favorable posible.

La preparación para la gama final

Aunque la dirección de la empresa se haya visto implicada en el proceso durante los meses anteriores, pues ha analizado el desarrollo de líneas y gamas, la reunión más importante es la presentación de la gama final. En ella, todo el equipo de compras defenderá la gama seleccionada por el comprador, tanto por lo que se refiere al diseño y las cantidades como al equilibrio entre categoría de producto, color, tallas y marcas. Ya se trate de la compra de marca genérica o de producto de marca, todas las decisiones del comprador suele ratificarlas el equipo directivo en esta última presentación de gama previa a la temporada.

La secuencia de prototipos de productos de marca genérica

El proceso de elaboración de muestrario de productos de marca propia varía según cada oficina de compra, aunque, por lo general, sigue tres fases:

1. **El prototipo para pruebas.** Frecuentemente, este prototipo no se fabrica en el tejido final, pero ayuda a definir y comprobar el ajuste inicial de la prenda. Suele hacerse en una talla 38 (talla mediana) y se prueba sobre la modelo de pruebas del departamento. Cualquier modificación que deba realizarse se comunica al fabricante, para que corrija la muestra, que suele ir de acá para allá entre comprador y fabricante hasta conseguir un ajuste perfecto.

2. **El prototipo de preproducción para el visto bueno final.** La prenda final, realizada en el color y tejido elegidos, se entrega en todas las tallas, que se cotejan con el prototipo final para pruebas aprobado previamente. Antes de llegar a esta fase, el tejido se habrá sometido a pruebas para comprobar la fijación del color, el rendimiento ante el lavado (en agua y en seco), la inalterabilidad del color a la luz, la durabilidad y otras pruebas según el producto, como la resistencia al cloro de la ropa de baño.

3. **El prototipo de producción.** Al comenzar la fabricación, los primeros prototipos de producción se envían al comprador por transporte aéreo urgente, quien los cotejará con el prototipo final aprobado. También se comprueban detalles como las etiquetas de marca, precio, composición y cuidado de la prenda.

"La amargura de la mala calidad se mantiene en el recuerdo mucho tiempo después de que la dulzura del precio económico se haya borrado de la memoria."
Aldo Gucci

Los prototipos de productos de marca

En la compra de productos de marca o de gamas de diseñador, el proveedor no suele contar con muchos prototipos, lo que impide que el comprador se quede con las muestras. En este caso, el proveedor suele proporcionar al comprador imágenes de las prendas, o el equipo de compra toma fotografías que después les permitan recordar las muestras . Para las presentaciones de gama de productos de marca se piden prestados los prototipos de las prendas, que devolverán al día siguiente.

La gestión de las muestras

Todas las muestras, ya sean destinadas a la compra de marca genérica o de productos de marca, son artículos muy valiosos, pues su coste de fabricación es alto y, en ocasiones, son piezas únicas; por lo tanto, es fundamental que no se pierdan. El cuidado, etiquetado, seguimiento y envío de las muestras es responsabilidad de los asistentes de compra. Los colgadores para muestras y las salas para prototipos deben ordenarse y reorganizarse constantemente, para poder localizar las muestras con rapidez.

El precintado de muestras

En la mayoría de las operaciones de compra se suelen "precintar" las muestras, y las que ya se han examinado y aceptado se marcan con un sello de metal o plástico no extraíble, que se une a la prenda con una presilla metálica. La oficina de compras suele precintar un mínimo de dos muestras (en ocasiones más); una se devolverá al fabricante y la otra se la quedará la oficina de compras.

El precintado de muestras garantiza que, en caso de que surja cualquier falta de acuerdo sobre la calidad, el tallaje u otro detalle técnico, ambas partes puedan remitirse a las muestras precintadas para comprobar qué se decidió. Las grandes oficinas de compras precintan las muestras en las tres fases y, a menudo, utilizan para cada una precintos con diferentes códigos de color, que permiten identificar la prenda. Con tantos tipos de muestras saliendo y entrando de las oficinas de compra de moda, son evidentes las ventajas que aporta una correcta gestión de los muestrarios.

Las muestras promocionales

Además del constante trasiego de muestras entre compradores y proveedores, los equipos de compra deben enfrentarse a la rápida y variada demanda de muestras en préstamo para otros fines corporativos, entre los que se incluyen:

× Los desfiles y actos de moda internos y externos.
× Las sesiones fotográficas para los catálogos de moda y para el visual merchandising.
× Las sesiones fotográficas para publicidad y relaciones públicas.
× Las fotografías para las páginas de venta por Internet.

El nivel y el tipo de muestras que se soliciten a los compradores y a sus equipos de compra dependerán, obviamente, del tipo y la magnitud de la empresa de moda en cuestión.

Los prototipos de productos y la preparación de la gama final

La reunión de presentación de la gama final es necesaria para que el equipo directivo ratifique que representa la mejor selección de productos para el consumidor-objetivo y para que los compradores obtengan carta blanca para comprarla. A esta reunión crucial suelen asistir los equipos de diseño y del departamento de calidad de la empresa, así como los directores o jefes de los departamentos de compras y merchandising. A menudo, el director ejecutivo también suele estar presente.

La presentación de la gama final

La presentación de la gama final puede convertirse en una situación muy estresante, tanto para el comprador como para el merchandiser, que deberán desarrollarla para que se aprueben los fundamentos lógicos sobre los que se sustentan sus propuestas de gama. En ocasiones como estas, la capacidad de comunicación oral del comprador se pone a prueba, así que tanto el comprador como el merchandiser deberán estar bien preparados para la presentación final de la culminación de muchos meses de trabajo.

El merchandiser preparará por anticipado unas hojas de planificación detalladas basadas en cálculos que muestren los colores, las tallas, las fechas de entrega, la jerarquía de los puntos de venta y los márgenes de beneficio previstos, así como el porcentaje destinado al *open to buy* (disponible para compras) que se destinará a la compra de otras categorías de producto.

El tamaño y el crecimiento propuesto de cada categoría se examinarán y compararán con las cifras alcanzadas el año anterior, y el comprador deberá justificar su selección de productos y su gama delante de todos los presentes. A menudo se utiliza una modelo de pruebas para mostrar determinadas prendas clave de la forma más favorecedora posible; otras prendas se presentarán colgadas en guías de pared o en parrillas, y los artículos más pequeños se sujetarán con alfileres sobre paneles.

Al final de la presentación, un buen equipo de compra y de merchandising solo tendrá que realizar pequeñas modificaciones a sugerencia del equipo directivo, de las que ambos equipos tomarán nota para realizar el seguimiento. Si un equipo de compras ya ha vivido antes una temporada comercial difícil, el equipo directivo le dedicará más tiempo para asegurarse de que los problemas que surgieron en el pasado no se repitan.

Para tener éxito durante la reunión de presentación de la gama final, tanto el comprador de moda como el merchandiser deben confiar en sí mismos. La incertidumbre, la falta de convicción y un argumentario con poco fundamento lógico no contribuirán a que el director de la empresa apruebe la gama.

9 PRIMAVERA/VERANO
2010

Presentación en la pasarela de la colección final de prêt-à-porter femenino de Phillip Lim, diseñada para mostrar las prendas clave de la manera más favorable posible. Durante la presentación final, los jefes de departamento y los equipos de compra y merchandising tratan cuestiones relacionadas con el riesgo de la gama.

9

Cuestiones relativas al riesgo y tamaño de la gama

Aunque los colores, estampados y estilos más inusuales sean la tendencia más novedosa pronosticada para esa temporada, la realidad es que la mayoría de los consumidores de moda pecan de precavidos y no quieren destacar entre la multitud. Los buenos compradores y merchandisers de moda son conscientes de que sus gamas deben incluir elementos de moda, pero tienden a no excederse a la hora de comprar los modelos más extravagantes, ya que si estos no se han vendido al acabar la temporada, tendrán que rebajarlos para liquidar el stock, lo que perjudicaría el beneficio general.

La reducción de los niveles de mercancía de mayor riesgo

Aunque a la prensa de moda y a los profesionales del marketing les encante publicitar los estilos de moda más vanguardistas y extremados, los compradores con experiencia son cautos a la hora de comprar estilos intensos. No obstante, incluso los compradores más conservadores compran estas piezas de moda arriesgada en cantidad suficiente como para que la gama de su departamento sea equilibrada y ofrezca una primera impresión adecuada a los consumidores.

A nivel comercial, tiene sentido el concepto de "quedarse corto a propósito" con las existencias más arriesgadas (es decir, liquidar totalmente los artículos antes de acabar la temporada), aunque en ocasiones cueste explicárselo a los entendidos en la materia. Siempre es mejor que se queden sin vender artículos de color negro, pues se trata de un color clásico que nunca pasa de moda y que puede seguir vendiéndose en la siguiente temporada, que de color neón fluorescente, con escaso potencial de transposición a temporadas venideras.

10 LA EVALUACIÓN DE LA PROFUNDIDAD DE LA GAMA

Ningún minorista de moda es capaz de ofrecer una disponibilidad del cien por cien por lo que se refiere a colores, tallas o líneas; este es otro problema clave al que se enfrentan compradores y merchandisers.

El equilibrio adecuado de tallas

A pesar de que existen estándares internacionales para las tallas de ropa, suelen darse importantes variaciones de tallaje entre las prendas de los diferentes minoristas o marcas, aunque en la etiqueta figure la misma talla.

Algunos minoristas usan un método de tallaje conocido como *vanity sizing*, en el que la talla que muestra la etiqueta de la prenda es, de hecho, una talla más pequeña que la de las dimensiones físicas del producto. Esta estrategia pretende halagar a la clienta, que se sentirá más inclinada a comprar al creer que su talla es más pequeña de lo que en realidad es. Aunque se trata de una práctica astuta, la mayoría de los clientes no se dejan engañar con facilidad e, incluso, alguno puede perder su confianza en la marca.

En una gama, los consumidores buscan, principalmente, que su talla esté disponible y que la prenda les siente bien. Los clientes que confían en la regularidad y coherencia por lo que se refiere al ajuste de una marca, tienda o gama, suelen ser fieles a esa marca. Acertar con el ajuste de las prendas y tener tallas siempre disponibles son dos poderosos métodos para atraer al cliente, especialmente en el caso de los vaqueros, el calzado, la ropa interior y la sastrería, en los que un buen ajuste de la prenda al cuerpo es imprescindible. Por ello, los merchandisers dedican gran parte de su tiempo a comprobar que estén disponibles todas las tallas.

Amplitud y profundidad de la gama

El número de líneas de producto disponibles en las tiendas de moda puede variar drásticamente en función del tipo de punto de venta y del tamaño del mismo. Las boutiques de primera línea más elegantes suelen presentar su surtido con detalle, lo que permite que el cliente se centre con facilidad en el diseño y la calidad del producto. En las boutiques de lujo, mucho más caras, el antiguo dicho del "menos es más" es evidente. Por el contrario, en las tiendas de descuento se produce el fenómeno opuesto, con colgadores abarrotados y estanterías atestadas que a menudo dificultan la elección del confundido consumidor.

Los compradores trabajan estrechamente con los merchandisers y los planificadores de superficie de venta para asignar el número de líneas adecuado para cada tienda o grupo de tiendas en función de su tamaño. Los grandes almacenes cuentan con un surtido de miles de líneas individuales, mientras que una pequeña boutique solo dispone de unos cientos. En cualquier empresa minorista, la superficie de venta es el elemento principal a la hora de determinar la oferta de gama o la profundidad del surtido.

Otra cuestión crucial a la que deben enfrentarse compradores y merchandisers es la cantidad de unidades de cada línea individual que debe asignarse a cada tienda y, en concreto, el surtido de colores y tallas de cada una. Tener siempre disponibles todos los colores y tallas es el ideal del minorista de moda, pero esto solo sucede en casos puntuales. Las tallas más pequeñas y más grandes, minoritarias, solo están disponibles en pequeñas cantidades, porque, estadísticamente, la demanda de estas tallas suele ser menor que la de tallas intermedias. En general, el surtido en tienda de tallas o colores secundarios es escaso, y se repone en cuanto llega la siguiente entrega (o tan pronto como se puede).

Ningún minorista de moda puede llegar a ofrecer el cien por cien de los colores, tallas o líneas de la gama, aunque muchos fijan disponibilidades del noventa por ciento como criterio de rendimiento. Para solventar el problema de falta de existencias, en ocasiones se ofrece a los clientes una entrega al día siguiente, en la tienda o a domicilio, para no perder la venta; este tipo de operación se conoce como *walk-away*, o solución directa. Otras opciones pueden consistir en pedir el artículo a través de la página web de la empresa o telefonear a otro punto de venta para reservar el artículo solicitado por el cliente.

El equilibrio de la gama

Una de las aptitudes esenciales de cualquier comprador consiste en garantizar que, nada más entrar en uno de sus puntos de venta, los clientes se sentirán atraídos por el surtido y los incitará a echar un vistazo, pararse, probarse algunas prendas y, con suerte, comprar algún artículo. De manera inconsciente, todos realizamos una rápida evaluación cuando pasamos por delante de un escaparate o cruzamos un departamento. El equilibrio de la gama es el secreto de una atracción instantánea y, como ya hemos mencionado, una habilidad propia de los compradores de moda de mayor éxito profesional.

Crear una gama equilibrada implica desarrollar los siguientes elementos:

×	Una buena primera impresión general al entrar en la tienda, en sintonía con las gamas favoritas del cliente-objetivo.
×	Una oferta de colores, diseños y/o estilos de moda claramente visible y relevante.
×	Una buena selección de marcas relevantes, especialmente en el caso de minoristas que comercializan artículos de marca.
×	Precios adecuados y claros (aunque no necesariamente sean los más económicos).
×	Disponibilidad del surtido en tallas, colores, diseños y ajustes (lo que, en ocasiones, es el objetivo más difícil de alcanzar).

Si el comprador y el merchandiser han planificado la mercancía con antelación, se conseguirá un equilibrio de gama que, a su vez, tendrá como recompensa alcanzar (y, con suerte, sobrepasar) el nivel de ventas previsto.

11 PRIMAVERA/VERANO 2010

La colección de alta costura de Elie Saab está formada por vaporosos trajes de noche que forman parte de una gama perfectamente equilibrada, diseñada para seducir tanto a los compradores como a la clientela.

11

Los consumidores actuales están acostumbrados a experimentar una gratificación instantánea e inmediata cuando buscan y compran productos de moda y, al mismo tiempo, esperan encontrar opciones infinitas. Los compradores y merchandisers de moda saben que, si no son capaces de atraer inmediatamente al consumidor y de ofrecerle el producto concreto en la talla y color exactos, la mayoría de los consumidores irá a buscarlo a la competencia (o intentará encontrar lo que busca por Internet).

El surtido que no esté expuesto en la superficie de venta no podrá venderse. Para solventar este problema, los minoristas están desarrollando sistemas muy rápidos de reposición del surtido, en los que el centro de distribución repone las existencias agotadas casi de inmediato.

Aunque no participen en la reposición de stock, los compradores son conscientes de este problema y suelen planificar líneas que puedan convertirse en sustitutos satisfactorios para el cliente, en caso de que su primera opción no esté disponible. Los compradores de moda trabajan sin cesar revisando la disponibilidad de opciones con los merchandiser y los jefes de compras. Aunque la perfección es inalcanzable, comprar una gama bien equilibrada en su conjunto puede resultar de gran ayuda a la hora de dirigir al consumidor hacia líneas similares dentro de esa gama.

Todo lo relativo a la compra de una gama de moda es cuestión de equilibrio. En el siguiente capítulo examinaremos las nuevas tendencias de compra dentro del sector que permiten que los compradores se mantengan a la vanguardia de la batalla minorista.

Caso práctico: SAP

Toda empresa minorista debe contar con un sistema
de logística sólido para gestionar el flujo de información
y/o el tránsito de artículos de un lugar a otro. SAP es una
compañía creada desde cero para ofrecer soluciones
informáticas que ayuden a los minoristas (y a muchas
empresas de otros sectores) a implementar estos sistemas.

12

Con sede en Walldorf (Alemania) y ciento veinticinco oficinas distribuidas por todo el planeta, en los últimos cuarenta años SAP se ha convertido en uno de los principales líderes del mercado en el desarrollo de aplicaciones de *software* empresarial. Aunque SAP es célebre por su trabajo en soluciones móviles, aplicaciones y programas de análisis, acaba de empezar a desarrollar soluciones en la nube y bases de datos.

Con frecuencia, los minoristas recurren a este gigante del *software* para que les ayude a evaluar su rendimiento empresarial y, concretamente, a obtener información sobre las ventas y la rentabilidad de los departamentos, clases, unidades de referencia de almacén, etcétera, en sus gamas de compra pasadas, presentes y futuras.

12 LA TECNOLOGÍA EN FUNCIONAMIENTO

Durante una conferencia sobre tecnología, SAP hace una demostración de su nuevo *software*, que puede utilizarse en sistemas móviles con protocolo POS. El continuo desarrollo de este tipo de sistemas facilita el trabajo del comprador por lo que se refiere a logística empresarial.

Entrevista: Stephen Henley

Hoy en día, Stephen Henley trabaja como director regional europeo del departamento de soluciones de planificación de mercancía y surtido, promoción y fijación de precios para la empresa minorista SAP, una de las mayores compañías mundiales en desarrollo de *software* utilizado por los compradores y merchandisers de moda para analizar, planificar y controlar sus gamas. Antes de incorporarse a SAP, Henley trabajó para varias compañías de moda, entre las que se cuentan Levi's, Timberland, House of Fraser, Debenhams, Dolcis y Bertie.

En SAP, Henley trabaja con muchos minoristas y empresas de artículos de consumo líderes en el mundo para conocer sus necesidades y ayudarles en el diseño y desarrollo de soluciones de planificación y compra que produzcan un beneficio empresarial real.

Henley cuenta con una amplia experiencia en la consultoría de empresas minoristas en el Reino Unido, Europa y en todo el mundo, por lo que conoce las exigencias de los sistemas de información que sirven de apoyo a la compra de moda de éxito. A lo largo de su carrera, Henley ha sido testigo de un cambio radical en la forma de planificación de las empresas, que ha pasado de una perspectiva rígidamente predeterminada a la venta minorista de moda actual, que requiere ventanas de planificación ágiles y flexibles.

P ¿En qué consiste el BDSS o *buying decision support system* (sistema de soporte a la decisión de compra)?

R Es una solución informática que ayuda a analizar el rendimiento actual de una empresa y permite trazar un plan de ruta sobre la previsión de rendimiento de las gamas y modelos que la empresa se plantea comprar en el futuro.

P ¿La velocidad de los cambios en las gamas de moda ha influido en el desarrollo de las aplicaciones BDSS y en su utilización para la compra de moda?

R Sí, estas aplicaciones han cambiado mucho. Antes, los compradores y los merchandisers de moda solían mirar al pasado para determinar acciones futuras. Al aparecer la moda pronta, "mirar por el retrovisor" ya no es un método tan relevante para alcanzar el rendimiento futuro.

Las personas y los sistemas deben reaccionar frente a la coyuntura del momento; tanto el BDSS como quienes lo utilizan tienen que reaccionar con rapidez, antes de que un modelo, look o marca dejen de interesar a los clientes.

Con un análisis detallado se puede revisar la planificación a la velocidad del consumo, lo que permite que los minoristas de éxito destaquen y se diferencien de los perdedores.

P
¿Es más difícil planificar la compra de moda que la de otros artículos de consumo?

R
Sí. La moda presenta un inmenso repertorio de marcas, productos, tallas y colores que, por su naturaleza, tienen unos ciclos de vida de producto muy cortos y cambiantes.

En la actualidad, el número de líneas básicas o de continuidad se ha reducido, y es habitual que mensualmente o cada dos meses los minoristas de moda introduzcan colecciones o gamas que se superponen a las clásicas temporadas de primavera/verano y de otoño/invierno.

Esto significa que hay que planificar muchos más ciclos y tomar más decisiones de compra; por ello, el equipo directivo de la empresa exige a sus compradores mayor flexibilidad, precisión, control de la planificación y exactitud en el abastecimiento.

P
¿Qué asistencia específica presta el BDSS de SAP al comprador de moda a la hora de realizar su labor?

R
Una decisión de compra puede tomarse de muchas maneras. Por ejemplo, un número creciente de consumidores utiliza el móvil para realizar sus compras *online*, de manera inmediata, o bien recoge el artículo en un punto de venta cercano. Un comprador jamás podrá saber cuál será la interacción del consumidor con la marca, o anticipar con antelación qué artículos comprará.

Debido a este comportamiento inconexo e impredecible del consumidor, los compradores de moda no pueden fiarse de los históricos de ventas para anticipar la demanda o la fuerza de las tendencias. Hoy en día, los compradores deben reaccionar más rápidamente y comprar basándose en la demanda real del cliente, que también puede detectarse gracias a la información que proporcionan los medios sociales y los debates sobre tendencias. En la actualidad, sitios web como ASOS y Mod Cloth charlan con sus clientes y les preguntan qué desean y cómo lo quieren, lo que implica un cambio radical respecto al pasado.

El enfoque de SAP consiste en desarrollar sistemas que, progresivamente, permitan incluir la respuesta del cliente en el proceso de toma de decisiones del comprador en tiempo real. El cliente es el centro de la innovación que ofrecen nuestros BDSS.

Entrevista: Stephen Henley

P ¿Qué impacto ha ejercido esta nueva inmediatez del consumidor sobre el proceso de planificación del comprador de moda?

R Cada vez es más frecuente que los compradores prevean qué grupos de consumidores van a comprar, qué producto elegirán y dónde lo comprarán. En el futuro, los compradores deberán asegurarse de que el surtido a la venta en las tiendas se dirija claramente a satisfacer las preferencias de los clientes locales o fieles a la marca y a servir de apoyo a las ventas realizadas por Internet con recogida en el punto de venta.

P A pesar de que la planificación y la compra de moda son cada vez más complejas y difíciles de prever, ¿los compradores de moda siguen desarrollando su plan de compra sobre la base del plan de ventas general para la temporada?

R Sí, así es. A los equipos de compra se les establece un objetivo general de ventas y rentabilidad para las clásicas temporadas de primavera/ verano y otoño/invierno. Esto se denomina *planificación descendente*.

Si lo tomamos como punto de partida, los compradores desglosan las ventas y la rentabilidad por categorías de producto y, al mismo tiempo, realizan una estimación de las ventas generales que pueden llegar a hacerse a través de cada canal; por ejemplo, cuánto venderán a través de la página web de la tienda y cuánto en cada punto de venta. Las oficinas de compra dedican gran parte de su tiempo a planificar, revisar y llegar a un acuerdo sobre estas cifras, ya que el desarrollo de estos planes es crucial para el éxito del negocio.

P   A primera vista, los sistemas BDSS parecen muy complejos. ¿El comprador de moda debe conocer a fondo el programa o es más importante que sea función del merchandiser?

R   Los compradores de moda deben conocer en profundidad la información y los mensajes relacionados con las tendencias de ventas que ofrecen estos sistemas. Deben aprender a preguntar al sistema para reaccionar con rapidez a las cambiantes microdemandas de los consumidores. Los sistemas BDSS son cada vez más inteligentes y fáciles de usar.

Los proveedores de *software* para minoristas estamos volviendo a diseñar las *interfaces* de usuario para responder a la demanda de una comunidad de compradores que cuentan con tecnologías móviles que buscan una clara visibilidad de los datos, tanto comerciales como los que provienen de los medios sociales, tal como describen las expresiones "*Google smart*" y "*Apple friendly*".

P   Los clientes de moda varían de manera notable en función de su localización geográfica y de su forma de comprar los productos. ¿El BDSS de SAP puede ayudar al comprador a entender y dar respuesta a estas demandas?

R   Sí. Nuestros sistemas permiten que los compradores y merchandisers planifiquen y compren sus gamas centrándose en el cliente. A causa de la separación que han experimentado los patrones de la demanda del consumidor, es fundamental comprar y poner a la venta en tienda la combinación adecuada de producto, equilibrándolo con los patrones de demanda menos habituales (por ejemplo, la estatura inferior a la media de los consumidores en determinadas regiones geográficas).

Así, podemos planificar microdemandas en nuestros sistemas de compra y asignación. Los sistemas BDSS pueden identificar tendencias y preferencias de estilo locales que incluyen características peculiares de los clientes locales y que ayudan al comprador a desarrollar el surtido de productos adecuado para cada punto de venta.

"Con un análisis detallado se puede revisar la planificación a la velocidad del consumo, lo que permite que los minoristas de éxito destaquen y se diferencien de los perdedores."

Entrevista: Stephen Henley

P **A lo largo de su carrera profesional, ¿cómo han mejorado los sistemas BDSS para beneficiar al comprador de moda?**

R A lo largo de mi carrera, estos sistemas han experimentado una evolución constante que permite que los compradores entiendan qué está sucediendo. Durante la mayor parte de este período, la evolución se ha centrado en consolidar los enormes volúmenes de datos que permitiesen presentar los resultados en forma de informes preconfigurados.

Durante este período, el enfoque clave del BDSS ha sido proporcionar informes exhaustivos sobre las ventas y stocks, de la forma más rápida posible, tras el cierre del período de ventas, con una limitada capacidad de gestión de las excepciones. En los últimos años, la analítica se ha incorporado a los sistemas, y permite que los compradores identifiquen con mayor facilidad las tendencias y los estilos al alza o a la baja.

Sin duda, estos cambios tecnológicos que se han producido durante mi carrera profesional permiten que los compradores tomen mejores decisiones y estén más informados que cuando empecé. Estos cambios han contribuido al éxito nacional e internacional de muchas marcas minoristas del Reino Unido. No obstante, creo que aún no hemos alcanzado la cúspide de la revolución en las soluciones BDSS para el mercado minorista.

P ¿Hacia dónde cree que se dirigen los BDSS en su rol de asistentes de la compra de moda?

R No me cabe duda de que estamos asistiendo al nacimiento de una revolución que desembocará en un cambio radical de las herramientas BDSS de apoyo tradicionales. En el pasado, los compradores y merchandisers utilizaban el módulo BDSS para dirigir y controlar de forma centralizada las tendencias, precios, gamas, promociones y asignaciones dentro de toda la cadena de puntos de venta. Estos sistemas se utilizaban para decidir qué deseaba el consumidor y para situar el producto en puntos de venta seleccionados basándose en rendimientos históricos.

En SAP creemos que este enfoque centralizado de tipo retrovisor perderá relevancia a medida que el consumidor vuelva a asumir el control gracias a la tecnología móvil y a las redes sociales. Este cambio posibilitará el acercamiento del comprador a los consumidores, lo que le permitirá un enfoque más detallado y, al instante, le proporcionará datos comerciales y comentarios en medios sociales.

En SAP trabajamos para que todos los elementos que forman la planificación, la compra y la cadena de abastecimiento de la moda funcionen juntos de manera eficiente y contemplen al cliente como centro de la cadena de procesos. En pocas palabras, esto significa que el producto adecuado llegue de la fábrica hasta el cliente de forma más eficiente, ofreciéndole exactamente lo que desee cuando lo desee. El comprador tendrá cada vez mayor capacidad para pensar de manera global y actuar de forma local, revirtiendo así el enfoque uniforme de los últimos 25 años.

Las *interfaces* de usuario (o pantallas de trabajo), más fáciles de usar, permiten observar los detalles relevantes a medida que se producen dentro de la empresa.

La noción de *"Google fast, Apple friendly"* se asociará a la tecnología para teléfonos inteligentes en el desarrollo de una nueva generación móvil de BDSS, fácil de usar y que permitirá que los compradores reaccionen con mayor rapidez y eficiencia que sus competidores.

Resumen del capítulo 4

A grandes rasgos, en este capítulo hemos examinado los quiénes, cómos y porqués de los procesos de planificación relacionados con el desarrollo de una gama y, en particular, los que se refieren a la compra de gamas de marca genérica. Reunir la cantidad idónea de líneas y gamas adecuadas para unos puntos de venta de superficie variable siempre es problemático, y es aquí donde mejor se manifiesta la relación entre el comprador y el merchandiser. Hemos analizado las fases finales de la gama definitiva, incluyendo los viajes de compra al extranjero y el proceso de creación de prototipos, y hemos analizado la relación del comprador con el resto de los actores del proceso, tanto internos como externos, en especial el importante vínculo que mantiene con los encargados de relaciones públicas y con los medios de comunicación de moda. En este capítulo también hemos hablado de los niveles de planificación matemática, análisis y control que se usan en la práctica contemporánea de la compra y el merchandising de moda. Finalmente, hemos explicado la importancia de alcanzar los indicadores clave de desempeño de la compra y, en última instancia, la rentabilidad prevista por la empresa. No obstante, conviene recordar que, a pesar de la planificación, el buen ojo y el instinto siguen jugando un papel fundamental en el éxito del comprador de moda.

Preguntas y temas de debate

Una vez analizada la gran importancia de la planificación para la compra de moda, supón que eres un comprador y reflexiona sobre estas cuestiones:

1. Si tuvieses que comprar una gama de vaqueros para la temporada actual, ¿qué modelos esenciales debería tener en existencia un pequeño punto de venta de tu zona para presentar una gama viable? ¿Cuántos modelos necesitaría? Prepara una lista.

2. Tras responder a esta pregunta, calcula cuántas opciones de tallas, colores y tejidos necesitarías basándote en el número de modelos que hayas sugerido.

3. Revisa tu propio guardarropa y haz una lista de las diferentes prendas que tienes. Cuando acabes, desglosa la lista por prendas, categoría, tipos de tejidos y colores; te sorprenderá la extensión de la lista.

4. Visita tu tienda local de vaqueros y haz una lista con el número de modelos que forman el surtido. ¿Crees que la gama que has desarrollado antes es mejor o peor que la del minorista de vaqueros?

5. ¿A qué precio de venta al público venderías tu gama ideal de vaqueros? Estudia a la competencia para elaborar una lista de precios realista.

Nota: los vaqueros pueden sustituirse por cualquier otro tipo de prenda a efectos de este ejercicio.

Ejercicios

Los compradores y merchandisers deben ser buenos comunicadores a nivel oral, ya que deberán asistir a muchas reuniones a lo largo del proceso de planificación; asimismo, deben tener buena memoria para los detalles. Realiza estos ejercicios para comprobar lo difícil que puede llegar a ser.

1. Selecciona tu prenda o accesorio de moda favorito y descríbelo rápidamente y en detalle, como si estuvieses hablando por teléfono con un fabricante que no pudiese verlo porque no está allí. Intenta hacerlo en dos minutos.

2. Elige a tu minorista de moda favorito y, durante tres minutos, explícale los motivos de tu elección. Intenta ser muy específico en tus argumentos.

3. Visita al minorista de moda que más te guste y a dos de sus competidores clave. Haz una lista de aspectos poco favorables o inexistentes en la gama actual de tu minorista favorito respecto a las gamas de la competencia.

4. Visita a un minorista de moda al azar, escoge una tipología de prenda y observa detenidamente la gama. Sal de la tienda e intenta recordar por escrito tantos detalles como puedas. Vuelve a la tienda y comprueba la precisión de tu retentiva.

5. Escoge a un minorista *online* y analiza cuántos modelos, colores y tallas tiene a la venta en Internet.

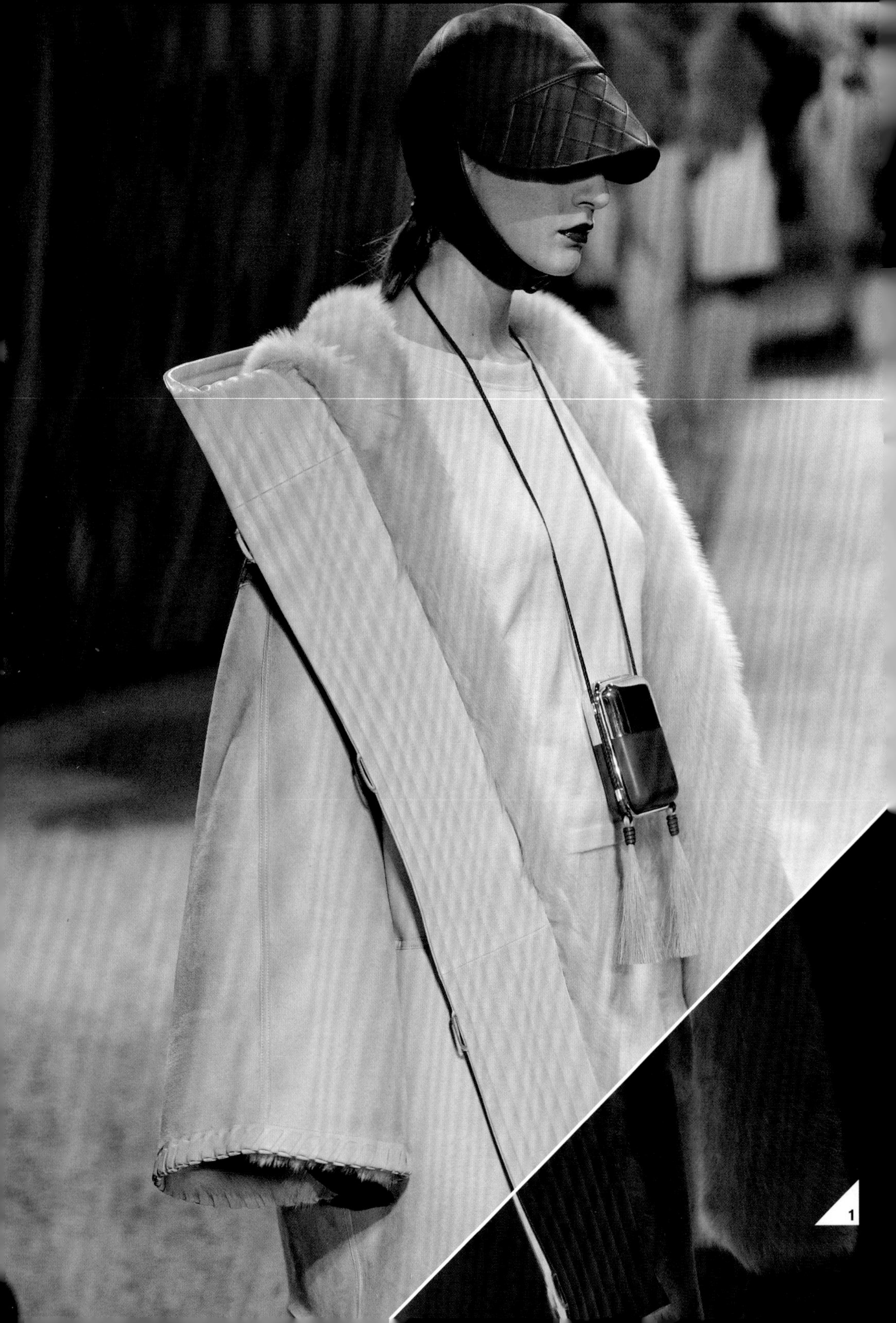

1

5

TENDENCIAS EN LA COMPRA DE MODA

En capítulos anteriores hemos analizado el papel del comprador de moda y sus relaciones profesionales; así hemos obtenido una visión general de la función del comprador dentro de las empresas minoristas. También hemos tratado sobre el pronóstico de tendencias y los métodos de investigación, y hemos reconocido la importancia de que los compradores conozcan el segmento demográfico al que pertenecen sus consumidores y su público-objetivo. La exploración de las comunicaciones con el proveedor y de la planificación de la mercancía nos ha permitido entender cómo el comprador junto con el merchandiser se ocupan del abastecimiento, fabricación y asignación de producto para garantizar que llegue a las tiendas una gama de producto exitosa. En este capítulo final examinaremos las tendencias emergentes en el sector minorista y cómo pueden contribuir al éxito del comprador. Estas tendencias incluyen actividades promocionales, tecnología y responsabilidad social corporativa.

1 **OTOÑO/INVIERNO 2011–2012**

Para esta temporada, la empresa de artículos de marroquinería de lujo Hermès desarrolló su primera colección de prêt-à-porter con el objetivo de aumentar su atractivo para un público potencial más amplio.

Las actividades promocionales

Los compradores ayudan a realizar una serie de actividades promocionales en el punto de venta con el objetivo de alcanzar un margen bruto de beneficio más elevado por temporada, al tiempo que procuran rotar las unidades a un ritmo más rápido. Muchas de estas promociones suelen conllevar un descuento sobre el precio, aunque existen otras actividades promocionales que contribuyen a fomentar la venta sin poner en entredicho la estrategia general de fijación de precios que establecen los equipos de compras y de merchandising.

El branding, la publicidad y el marketing

A menudo, los compradores trabajan con los equipos de dirección y de marketing a la hora de crear líneas de difusión, o segundas líneas, de artículos de marca genérica, que se comercializan a precios moderados. Los minoristas llevan años desarrollando esta actividad (pensemos, por ejemplo, en Old Navy para Gap) y, en la actualidad, muchos diseñadores se han sumado a esta tendencia. Diseñadores de moda como Yohji Yamamoto y Marc Jacobs han lanzado al mercado líneas de difusión (Y's y Marc by Marc Jacobs, respectivamente), que permiten que los compradores adquieran artículos de marca dirigidos a mercados de precio más económico y ampliar así su gama de productos en el punto de venta.

En la actualidad, muchos minoristas de moda pronta ofrecen colaboraciones de marca, que permiten que diseñadores de marcas de lujo introduzcan en el mercado líneas asequibles para un tipo de consumidor que no es cliente-objetivo de su marca. Estas colaboraciones eran muy populares entre los minoristas de grandes superficies y grandes almacenes, pero hoy en día han comenzado a tener una presencia importante en tiendas especializadas en moda pronta. Así, por ejemplo, H&M ha trabajado con muchos de los grandes nombres de la moda, como Karl Lagerfeld, Roberto Cavalli y Marni y, recientemente, con Versace. Para estas colaboraciones se produce un surtido limitado que, cuando se agota, no se repone.

Aunque algunas voces críticas argumentan que estas colaboraciones desvaloran la prestigiosa imagen del diseñador, muchas otras opinan que, para los compradores con bajo poder adquisitivo, es la oportunidad de adquirir artículos de diseñadores de primera línea que no podrían costearse de otro modo. Asimismo, estas colaboraciones introducen un nuevo público-objetivo para una marca genérica, y se convierten en una operación beneficiosa para ambos participantes.

2 LAS COLABORACIONES ENTRE MINORISTAS

Target ha puesto en práctica un programa de colaboración continua con tiendas y boutiques especializadas, creando con ellas colecciones limitadas pero asequibles que se comercializan en los puntos de venta de Target. Este tipo de colaboraciones provoca que los pequeños minoristas conozcan la marca y permite que Target introduzca en sus estanterías marcas novedosas y contemporáneas con mayor frecuencia.

"Aunque el famoso incorpora una red que le permite hacer correr la voz y encumbrar el perfil de la colaboración rápidamente, el principal esfuerzo de las colaboraciones consiste en mantener la continuidad y conseguir que no se limiten a quince minutos de fama."

Mary Ellen Muckerman, jefa de estrategia de la consultora internacional Wolf Ollins

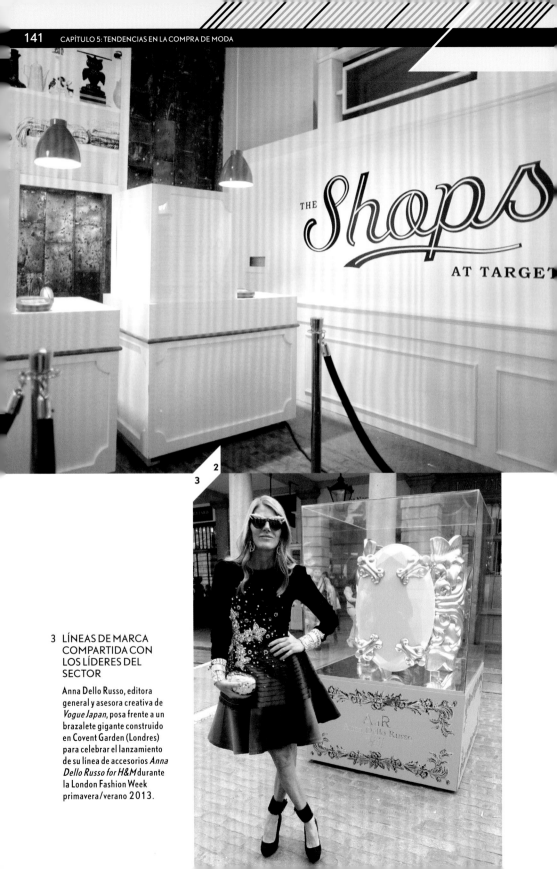

3 LÍNEAS DE MARCA COMPARTIDA CON LOS LÍDERES DEL SECTOR

Anna Dello Russo, editora general y asesora creativa de *Vogue Japan*, posa frente a un brazalete gigante construido en Covent Garden (Londres) para celebrar el lanzamiento de su línea de accesorios *Anna Dello Russo for H&M* durante la London Fashion Week primavera/verano 2013.

Actividades promocionales

Por lo que se refiere a publicidad y marketing, los minoristas pagan sumas de dinero considerables para anunciarse en vallas publicitarias, revistas, televisión o Internet. Es una excelente forma de publicitar la marca, pero puede convertirse en una pesada carga para el comprador, que debe informarse sobre las campañas (presentes y futuras), ya que pueden influir en la popularidad de un producto determinado.

Si la publicidad y el marketing de un producto tienen éxito, generarán demanda del mismo; si los compradores no lo han comprado en suficientes cantidades, los consumidores recurrirán a otro minorista, encauzando las ventas hacia la competencia.

Aunque las campañas de publicidad y marketing suelen promocionar nuevos productos de la temporada, una de las principales campañas es la de rebajas, durante las cuales el minorista señala claramente los productos en oferta con el típico color rojo, marcándolos con un precio que acaba en noventa y nueve céntimos.

Cada minorista enfoca las promociones de ventas de una forma, aunque el objetivo último que persiguen todos es liquidar rápidamente las unidades en existencia, liberando así espacio para la llegada de los nuevos artículos. Junto con los merchandisers, los compradores desarrollan las estrategias de fijación de precios para las rebajas y promociones, y también trabajan con los equipos de marketing para crear la señalización adecuada.

4

4 LA PROMOCIÓN DE VENTAS MÁS ESPERADA

Aunque muchos consumidores se sienten atraídos y responden a las diversas campañas de marketing que ponen en marcha sus minoristas, el signo de las rebajas es el que habitualmente incita a los consumidores a visitar las tiendas de un minorista, con la esperanza de encontrar alguna ganga.

5

LAS INICIATIVAS DE MARKETING Y PUBLICIDAD

Los minoristas usan varios métodos y medios de comunicación para informar a los consumidores. El conocimiento del comportamiento de compra del consumidor (que ya vimos en el capítulo 2) permite que los compradores trabajen con los equipos de marketing y/o publicidad para:

× Incrementar la afluencia de visitantes en el punto de venta.
× Aumentar el número de unidades por transacción (UPT), es decir, el promedio de unidades que adquiere un consumidor en cada compra.
× Introducir nuevas iniciativas de branding.
× Atraer a nuevos clientes.
× Permitir que se incremente el volumen de ventas en temporada alta o en períodos de poca venta, tanto en los puntos de venta físicos como *online*.

5 EL IMPACTO DEL MARKETING GLOBAL

Campaña publicitaria del minorista italiano Benetton que utiliza el marketing no solo para mostrar los nuevos productos de temporada, sino también como foro para denunciar el aumento del paro juvenil. Iniciativas como esta, relacionada con la responsabilidad social corporativa, se analizan más adelante en este mismo capítulo.

Las actividades promocionales

El visual merchandising

Ya hemos comentado en este libro los diferentes roles del merchandiser y del visual merchandiser. No obstante, es importante ser consciente de que los equipos de visual merchandising trabajan estrechamente con los de compras y merchandising en la creación de presentaciones visuales agradables estéticamente, para promocionar la marca, educar al consumidor y, por descontado, fomentar la venta.

A menudo, el comprador trabaja con los equipos de visual merchandising, tanto a nivel corporativo como en los puntos de venta, para priorizar determinados productos de gran volumen de compra; mantener una comunicación constante permite que los equipos de visual merchandising conozcan las inversiones en compras que se han realizado esa temporada para obtener el máximo beneficio de ellas. También puede darse el caso de que un comprador quiera comprobar el rendimiento de las nuevas siluetas, colores, tejidos, etcétera; si mantiene una buena comunicación con los equipos de merchandising visual, podrá obtener con rapidez información sobre las reacciones del consumidor frente al producto.

Los compradores necesitan mantener abiertos los canales de comunicación con los equipos de visual merchandising para que estos conozcan en profundidad la importancia de determinados productos de la gama que contribuirán a generar un mayor volumen de ventas.

100% CASHMERE

SPECIAL OPENING PRICE

$59.90

6

6 LA PROMOCIÓN DE LAS VENTAS MEDIANTE EL VISUAL MERCHANDISING

Aunque los compradores no actúan como directores creativos del concepto visual de un minorista, trabajan con los equipos de visual merchandising en la colocación del producto en áreas específicas de la tienda. De esta forma, intentan que los vendedores se centren en los productos de gran volumen de compra para la temporada. Si se presentan los modelos, colores, tejidos… de la temporada a los equipos de visual merchandising, podrán promocionar el producto colocándolo en lineales fijos, maniquíes o escaparates.

Los compradores, así como los merchandisers de alto nivel, dependen de los equipos de visual merchandising para promover las ventas de sus gamas de productos. Si los compradores y visual merchandisers no mantienen unas relaciones sólidas, positivas y consistentes, puede que el visual merchandiser se centre en atributos de la gama de productos que no ofrezcan un margen significativo, ralentizando la generación de beneficios de toda la empresa. Cuando los compradores forman a los equipos de visual merchandising sobre los nuevos productos o sobre los cambios en la gama existente, los equipos de visual merchandising pueden contribuir a promocionar el producto en el punto de venta de una forma más coherente.

Hoy en día, los merchandisers y compradores mantienen relaciones sólidas con quienes trabajan en el punto de venta, pues es una manera excelente de obtener información detallada sobre las reposiciones y/o las futuras compras de gama. A menudo, los visual merchandisers que trabajan a pie de tienda son ascendidos a asistentes de compra.

Las actividades promocionales

La colaboración con la prensa de moda

Cada temporada, las empresas de moda presentan sus nuevas gamas a la prensa y a los más importantes medios de comunicación. En el competitivo mundo de la moda, todo el mundo quiere obtener toda la publicidad gratuita que pueda. Algunas empresas de moda realizan sus propias campañas de publicidad y relaciones públicas, mientras otras firmas subcontratan estas actividades a otras compañías.

Si se les pide, los compradores de moda se implicarán en esta actividad, asesorarán sobre las gamas y suministrarán muestras que puedan usarse en presentaciones a prensa y paquetes publicitarios. Los periodistas de moda de todo tipo de medios de comunicación siempre buscan historias y productos nuevos y estimulantes para sus artículos, revistas y suplementos de moda.

El cultivo de una sólida relación entre los especialistas en relaciones públicas del comprador y los medios de comunicación junto con el desarrollo de una potente gama de temporada provocarán una gran cantidad de apariciones en prensa de las gamas del comprador, y generarán un interés potencial en el consumidor.

7 EL PODER DE DIVULGACIÓN DE LOS FAMOSOS

Las ceremonias de inauguración pueden convertirse en una inversión muy lucrativa, ya que atraen la atención del público hacia la marca y los nuevos puntos de venta. A menudo, los grandes minoristas organizan la inauguración de sus tiendas insignia, como la que aparece en la foto, de Topshop/Topman en Los Ángeles, a la que acudieron muchas celebridades, entre ellas la actriz Kate Boswell (en la foto), que pudieron examinar personalmente la gama del comprador para esa temporada.

Los paquetes de prensa suelen ofrecer información esencial sobre la localización de las tiendas y las fechas de entrega de las gamas, así como sobre tallas, detalles de confección, colores y precios. Muchas empresas de moda alquilan algún recinto de prestigio y organizan un día de puertas abiertas para mostrar las nuevas gamas y al que asiste la prensa de moda.

La mayoría de las empresas de moda utilizan diversos servicios de relaciones públicas *online*, como los comunicados de prensa, el envío de fotos y archivos, etcétera. Esto posibilita que los periodistas demasiado ocupados que no puedan asistir a determinadas jornadas de prensas, puedan ponerse al día de una forma rápida y fácil sobre una gama de moda. Hoy en día, las relaciones públicas con fuerte presencia en Internet son un elemento fundamental, pues ha aumentado el número de influyentes blogueros que se mantienen atentos a todo lo que sucede en la blogosfera.

Los compradores y sus asistentes suelen asistir a las jornadas de prensa, donde contactan con importantes medios de comunicación de moda, a quienes ofrecen visitas personalizadas de la gama. Debido a la multitud de actividades de relaciones públicas que se producen hoy en día, siempre existe mucha competencia para conseguir que los principales medios de moda acudan a jornadas o presentaciones de prensa de menor categoría. Los compradores con gamas, marcas o ideas novedosas y estimulantes siempre atraen a la prensa importante.

Los prototipos para la prensa

En la actualidad, la prensa de moda necesita recibir muestras de la nueva temporada con antelación para publicar sus noticias. El control eficiente de las muestras para la prensa es fundamental, ya que muchas de ellas se envían al lugar donde se realizará la sesión y se ensucian de maquillaje o se dañan debido al desgaste por el uso.

La buena publicidad fotográfica gratuita es el alma de las empresas de moda de éxito; los equipos de compras que sepan dar una respuesta rápida y eficiente a las insaciables (y, en ocasiones, poco razonables) demandas de la prensa de moda obtendrán más centímetros por columna. Mantener una buena relación con la prensa y con los profesionales del marketing, tanto dentro como fuera de la empresa, puede reportar grandes dividendos en términos de publicidad gratuita.

El departamento de marketing y displays visuales también planifica, con bastante antelación respecto a la temporada, los escaparates y la exposición y promoción del producto en tienda. Para ello, da instrucciones a los equipos locales de visual merchandising sobre el diseño de los escaparates y de los displays visuales.

Es esencial mantener buenas relaciones con todos los departamentos de promoción, tanto propios como externos; en cualquiera de sus vertientes, la mejor contribución de los equipos de compra para las actividades de marketing es tener muestras de la temporada disponibles en todo momento.

La tecnología

A medida que avanza la era tecnológica y son más los consumidores que realizan sus actividades personales y laborales a través de un creciente abanico de dispositivos (tabletas digitales, teléfonos inteligentes, ordenadores portátiles, etcétera), las transacciones son más rápidas, ágiles y, en última instancia, eficientes. Los compradores utilizan esta tecnología para superar obstáculos comunicativos y demoras en los plazos de entrega, y así alcanzar rotaciones que permitan una reposición más rápida, conocer mejor a sus consumidores y, por descontado, desarrollar con mayor facilidad las tareas de su profesión.

En la actualidad, la tecnología se presenta bajo tal variedad de formatos que para los minoristas es fundamental saber cómo adaptarse a las cambiantes tendencias del mercado y, específicamente, entender cómo compran sus consumidores, tanto en los clásicos puntos de venta físicos como en los sitios web de comercio electrónico. Gracias a la rápida evolución del mercado digital, los compradores han comenzado a utilizar esta tecnología para dar una respuesta más rápida a ambos canales de venta.

"Las nuevas tecnologías de la información, (...) Internet y el correo electrónico (...), han eliminado prácticamente los costes físicos de las comunicaciones."

Peter Drucker, docente y consultor de administración de empresas

8

8 LOS NEGOCIOS DIGITALES

Hoy en día, los compradores pueden abordar problemas de producción o de diseño justo cuando se producen. La velocidad a la que compradores, diseñadores y merchandisers pueden realizar su labor actualmente ha revolucionado la industria de la moda, acortando las distancias y convirtiéndola en una tarea más competitiva.

Internet, una ayuda para los compradores

Imaginemos, si es posible, un tiempo en el que los negocios se realizaban a través del teléfono fijo, el fax y el correo postal local. Estos sistemas, en su momento revolucionarios, se han quedado obsoletos en el puesto de trabajo actual y se han reemplazado por sistemas digitales que permiten que la correspondencia entre las diversas partes se produzca con coste y esfuerzo mínimos.

Al utilizar diversos protocolos que permiten la comunicación por voz y las funciones multimedia, los compradores pueden obtener información en tiempo real que les permita realizar su tarea. La telefonía por Internet (a través de voz, fax o SMS) es, en la actualidad, el método de comunicación preferido por casi todas las empresas minoristas.

Los compradores pueden usar estos sistemas para llevar a cabo diversas actividades y recopilar importantes datos como, por ejemplo:

× Ver, realizar pedidos y comunicarse con los fabricantes y proveedores internacionales de una manera mucho más eficiente.
× Averiguar cuáles son las nuevas tendencias en los sitios de los medios sociales, las agencias de predicción de tendencias y las publicaciones periódicas *online*.
× Conocer en tiempo real las ventas de un producto a través de sistemas que conectan las oficinas de compra con el punto de venta, lo que permite realizar con rapidez pedidos adicionales de producto.
× Recopilar información sobre el consumidor (como, por ejemplo, tallas, colores y siluetas) que pueda utilizarse en la compra de temporadas futuras.
× Ofrecer a los equipos del punto de venta información clave que pueda influir, tanto positiva como negativamente, en las ventas de un producto específico.

Los teléfonos inteligentes y los códigos QR

Con la introducción de los teléfonos inteligentes, los consumidores pueden acceder fácilmente a sus minoristas favoritos con solo iniciar una aplicación que les lleve a las tiendas *online* cuyo surtido es, en apariencia, interminable. Igual que los compradores y merchandisers son los responsables de garantizar que el producto adecuado llegue a las tiendas en el momento justo, también debe implementarse este procedimiento para responder a las necesidades del comercio electrónico.

Gracias al enorme crecimiento del mercado del comercio electrónico y del uso de los teléfonos inteligentes, los compradores pueden trabajar con el equipo de marketing para crear promociones de ventas y enviar la información directamente al consumidor en cualquier momento. El teléfono inteligente se convierte así en una especie de vale digital que ofrece a los clientes descuentos, incentivos, promociones, etcétera.

Muchas de las aplicaciones para teléfonos inteligentes pueden leer lo que se conoce como *códigos de respuesta rápida* (o códigos QR). Este código, cuyo funcionamiento es similar al de un código universal de producto (UPC), es un código de barras de matriz que se convierte en direcciones de páginas web, vales, anuncios de marketing, medios sociales y mucho más, aunque principalmente se utiliza como módulo de descuento o como enlace a una dirección para promocionar la página web del minorista. Esto permite que los compradores trabajen con los equipos de marketing en la promoción del producto de temporada para un público más amplio.

Como los consumidores cada vez utilizan más el teléfono inteligente y los códigos QR, los minoristas también invierten en telefonía inteligente para sus puntos de venta físicos, en forma de terminales móviles que se utilizan para facilitar el tránsito de los consumidores por las cajas, para que no tengan que hacer cola a la hora de pagar sus compras.

Cuando el consumidor realiza una compra o devolución, los compradores reciben comunicación por vía digital, y así se agilizan los pedidos adicionales de mercancía. Con los métodos tradicionales de cobro en caja, los compradores debían esperar a que se generase el informe semanal de ventas; ahora, por el contrario, pueden iniciar rápidamente el proceso de reposición, a medida que reciben la información.

9 LA TECNOLOGÍA FOMENTA LA VENTA

Los minoristas utilizan Internet, los teléfonos inteligentes y los códigos QR para promocionar, anunciar y comercializar sus marcas y productos. Los equipos de compradores los usan para controlar las ventas en el punto de venta, lo que les permite reponer la mercancía con mayor agilidad, y también para evaluar qué artículos de la gama de temporada son más rentables o los que se venden peor. La tecnología también ayuda a los equipos de compras y merchandising a conocer con detalle el segmento demográfico al que pertenecen sus consumidores.

9

La responsabilidad social corporativa

Los equipos de compras deben ser responsables ante sí mismos, ante la empresa para la que trabajan y, principalmente, ante los consumidores que compran los productos que se comercializan en los puntos de venta del minorista. La responsabilidad social corporativa (que a menudo se simplifica como RSC) es un sistema normativo autoimpuesto que implementa el minorista en su plan de negocio y en sus objetivos empresariales. Su finalidad es lograr la perfecta integración de personas, cuestiones relativas al planeta y beneficio empresarial en un módulo que funcione y genere medidas sostenibles para todas las partes implicadas.

La expresión *responsabilidad social corporativa* es relativamente reciente; surgió a finales del siglo XX en las corporaciones empresariales con el objetivo de proteger a sus accionistas. Sin embargo, la toma de decisiones éticas para alcanzar el bien común es una práctica que han aplicado muchos propietarios de pequeñas empresas y organizaciones sin ánimo de lucro desde hace años.

En el sector minorista, la toma de decisiones éticas se presenta bajo diversas formas, desde el cumplimiento de las leyes de comercio internacional hasta el pago de salarios dignos para todos los empleados. Cuando un minorista decide aplicar en su negocio iniciativas de responsabilidad social corporativa, suele establecer un plan de crecimiento a largo plazo y empieza a implementar pequeñas actuaciones que no reduzcan drásticamente sus ingresos, permitiendo que la empresa crezca en una dirección positiva.

Cuando la empresa ha identificado iniciativas concretas, le pedirá a todos sus empleados que colaboren para conseguir estos objetivos, tanto a corto como a largo plazo. Aparte de las iniciativas empresariales, cada empleado tiene la responsabilidad de supervisar su comportamiento ético, esforzándose para contribuir a que el minorista alcance el objetivo deseado.

LAS PARTES IMPLICADAS EN LA RESPONSABILIDAD SOCIAL CORPORATIVA

Muchos individuos, empresas y comunidades se integran en la responsabilidad social corporativa:

× Los empleados, tanto los que realizan su labor sobre el terreno como los que trabajan en las oficinas corporativas, desde el equipo directivo al personal de administración y servicios.
× Los clientes, pasados, presentes y futuros, que compran las marcas de la empresa.
× Las comunidades, es decir, las zonas e individuos que forman parte del entorno físico en el que se ubican los puntos de venta o las oficinas centrales.
× Los proveedores, tanto nacionales como internacionales, así como sus empleados.
× Los inversores, que buscan el crecimiento de la empresa pero que solo suelen contribuir al mismo con aportaciones económicas o servicios de asesoría.

"No se ha recalcado lo suficiente a los consumidores que poseen un enorme poder y que ir de compras conlleva una elección moral."
Anita Roddick, fundadora de The Body Shop

personas + planeta + beneficio =

RESPONSABILIDAD
SOCIAL CORPORATIVA

LUGAR
DE TRABAJO

COMUNIDAD

ENTORNO

MERCADO

10 EL CICLO DE LA
RESPONSABILIDAD
SOCIAL CORPORATIVA

En las iniciativas de
responsabilidad social
corporativa se implican
muchas entidades en el
contexto de los valores sociales,
medioambientales y económicos.
Es importante comprender que
estas entidades son mutuamente
dependientes y que la falta de
iniciativa de una de ellas puede
afectar seriamente a las demás,
tanto de manera positiva como
negativa.

10

La responsabilidad social corporativa

Cada parte implicada en una organización minorista es responsable de aplicar las iniciativas de RSC establecidas por los propietarios, gerentes o directivos de la misma. Asimismo, cada empleado de la empresa posee su conjunto de valores y juicios personales por los que se rige y que, para bien o para mal, en ocasiones superan los de la compañía.

En su tarea cotidiana, los compradores tratan con muchos proveedores; por lo tanto, tal y como sucede con las iniciativas de responsabilidad social corporativa de su propia empresa, el comprador debe conocer las de sus proveedores. Cuando un comprador establece nuevas relaciones empresariales, debe investigar cómo funciona este proveedor y cómo trata tanto a sus empleados como el medio ambiente.

Muchos proveedores extranjeros no pagan salarios justos a sus empleados ni les proporcionan las instalaciones adecuadas o un tiempo de descanso. Si un comprador no es capaz de reconocer esta situación de manera inmediata, no implica que deba hacer la vista gorda ante situaciones que más adelante podrían generar tensiones entre la empresa y las partes involucradas. Si se indaga en este tipo de situaciones al principio de una nueva relación empresarial (y se realiza un seguimiento continuo para comprobar que no se hayan producido cambios en las mismas) se garantiza que el comprador contribuye al cumplimiento de las iniciativas de responsabilidad social corporativa de su empresa o que, al menos, aplica un juicio moral correcto.

11–12   *ONE FOR ONE*

Uno de los líderes en el rápido ascenso dentro del movimiento de la responsabilidad social corporativa es el minorista de calzado TOMS, cuyo fundador, Blake Kycoskie, se marcó el objetivo de donar a un niño un par de zapatos por cada par que vendiese. Esta iniciativa de responsabilidad social corporativa tuvo tanto éxito que TOMS acaba de poner en marcha una segunda iniciativa con gafas de sol: así, por cada par que venda, TOMS donará un par de gafas graduadas.

12

Si un comprador se da cuenta de que existe alguna de estas situaciones, debe realizar un informe y registrar la información antes de informar al equipo directivo. En ocasiones, si se trata de una empresa grande y el proveedor se arriesga a perder una operación comercial beneficiosa (ganándose, de paso, una mala reputación), es posible que invierta para rectificar la situación, mejorándola para ambas partes.

Otra situación que suele darse con frecuencia en las oficinas de compras es que los proveedores ofrecen regalos, en ocasiones por cortesía pero, a menudo, con la intención de mantener sus negocios en el futuro. Como comentábamos en el capítulo 3, la relación entre comprador y proveedor debe ser solo profesional. Aceptar regalos, viajes o descuentos personales suele ir contra la política empresarial de la mayor parte de las compañías, como también sucede con el desarrollo de las relaciones personales con proveedores fuera del ámbito estrictamente profesional.

Asimismo, los compradores deben intentar adquirir productos respetuosos con el medio ambiente, tanto en la fase previa a la producción como en la posterior. El sector textil es uno de los que genera mayor polución industrial, por lo que trabajar con proveedores que recuperen el agua utilizada en la tintura de prendas o usen fibras recicladas puede ser una manera fácil de satisfacer a una creciente base de consumidores interesados en aspectos medioambientales. El comprador debe ser consciente de que ciertos proveedores extranjeros intentarán obviar el debate sobre las prácticas sostenibles, especialmente si no implementan ninguna de ellas.

Un comprador que siempre cuestione a sus proveedores respecto a estos temas puede contribuir a cambiar prácticas empresariales poco éticas o, simplemente, no estudiadas en detalle. Los consumidores son cada día más conscientes de las prácticas empresariales de sus minoristas y están dispuestos a descartar aquellos cuyas prácticas en la compra ejerzan un impacto negativo sobre la comunidad o el medio ambiente. El buen comprador se regirá por las prácticas de responsabilidad social corporativa de su empresa o por su propio juicio moral en caso de que aquellas se desvíen, involuntariamente, del rumbo a seguir.

La responsabilidad social corporativa

A la mayoría de los compradores les preocupa la originalidad del diseño y la autenticidad de las líneas que quieren comprar, por lo que suelen preguntar a diseñadores y fabricantes si sus diseños son realmente originales. Debido a su naturaleza cambiante, la moda es un campo de minas en el que, con frecuencia, individuos o empresas copian a otros diseñadores y marcas, y ofrecen una versión más barata del producto original del diseñador o de la marca a un mercado más amplio.

El derecho de propiedad intelectual inherente al producto copiado, independientemente de quién sea su propietario, se usurpa para proporcionar beneficios a otra empresa o individuo. En muchas culturas, la copia no es considerada un crimen, aunque cada vez con más frecuencia individuos y empresas desarrollan técnicas, leyes o sistemas que les permitan proteger su propiedad intelectual de los desaprensivos. Anti Copying in Design (ACID), una organización fundada en 1996, ofrece recursos y asesoría contra la copia y ayuda a las empresas y diseñadores de moda a solventar cuestiones relacionadas con la propiedad intelectual (www.acid.uk.com).

En el Reino Unido, Europa y muchos otros países que no pertenecen a la Unión Europea, los diseños exclusivos de moda y de superficies textiles pueden registrarse; no obstante, el proceso y los costes de registro varían, y para muchos diseñadores y pequeñas empresas no es económicamente viable.

LA TOMA DE DECISIONES ÉTICA

Muchos minoristas de moda pronta son capaces de producir en muy poco tiempo modelos similares a los de los diseñadores de lujo. Esto hace que los consumidores se planteen un problema ético, pues ven cómo sus minoristas favoritos de bajo precio se enfrentan en los juzgados a los diseñadores cuyo trabajo supuestamente han copiado.

En 2011 se produjo un famoso litigio entre un minorista de moda pronta, Forever 21, y la empresa de ropa femenina Feral Childe respecto a un estampado que se usó en una serie de prendas producidas por Forever 21, del que Feral Childe aducía ser el autor.

Este caso, que tuvo gran repercusión mediática, despertó el interés de los consumidores sobre la responsabilidad social de los minoristas de moda pronta. No se sabe mucho sobre los procesos de diseño implementados por Forever 21, por lo que al consumidor que apoya a los minoristas con una sólida responsabilidad social corporativa le cuesta apoyar a esta compañía.

Como sucedió con los diseños de Forever 21, otros minoristas se han enfrentado a cuestiones relacionadas con la infracción de los derechos de autor, aunque todos los casos se han resuelto fuera de los juzgados.

13 LAS TIENDAS DE CANAL STREET

En Nueva York, los turistas acuden en manada a Canal Street, situada en la zona baja de Manhattan, a buscar artículos de diseñador a bajo precio que raramente encontrarían en los principales minoristas. En Canal Street, los propietarios de las tiendas cuentan con "vendedores silenciosos" que invitan a los transeúntes a visitar la trastienda, donde pueden encontrar artículos falsificados y robados a precios muy económicos.

13

Aunque el proceso de registro de un diseño puede ser muy complejo, compradores y lectores pueden encontrar muchos recursos *online* que les asesoren sobre esta cuestión. Una de las mejores fuentes de asesoría sobre propiedad intelectual en el Reino Unido y Europa es el Centre for Fashion Enterprise, con sede en Londres (www.fashion-enterprise.com). A nivel internacional, la Organización Mundial de la Propiedad Intelectual, situada en Ginebra, también es una excelente fuente de información sobre los derechos de propiedad intelectual de la moda en todo el mundo (www.wipo.int).

Cuando los compradores de moda redactan contratos comerciales oficiales, suelen incluir avisos preventivos para los compradores respecto a los requisitos de autenticidad y exclusividad de sus diseños; esto protege al comprador y su empresa contra acciones legales que pudieran emprenderse contra ellos en el futuro. En realidad, todas las prendas y productos de moda sirven de inspiración, ya que, después de todo, no existe ningún producto totalmente único.

En todo momento, los compradores deben ser conscientes de esta situación y esforzarse por mantener el mercado limpio de diseños robados y mercancía falsificada. Aunque esto forme parte de las políticas de responsabilidad social corporativa de la empresa, el comprador deberá seguir su instinto al respecto, sabiendo qué perjuicios pueden acarrear a la empresa las prácticas poco éticas y, más importante aún, mantendrán limpia su conciencia.

Caso práctico: Hennes & Mauritz (H&M)

En la actualidad, Hennes & Mauritz (H&M) es uno de los minoristas internacionales de mayor éxito. Esta empresa, fundada en 1947 por Erling Persson y con sede en Suecia, opera más de dos mil seiscientos puntos de venta en cuarenta y siete mercados, y es el segundo minorista de ropa del mundo. H&M no solo es un exitoso minorista de moda pronta, sino que implementa importantes iniciativas de responsabilidad social corporativa, preparando el terreno para otras empresas del sector.

H&M ofrece moda y calidad a precios asequibles para hombres, mujeres, adolescentes y niños, y cuenta con un equipo de más de ciento cuarenta diseñadores propios, así como con un amplio equipo de compradores y de patronistas en su sede sueca. H&M es una empresa con una fuerte orientación hacia las personas, que se demuestra en el sólido espíritu de equipo que está presente en toda la organización.

La empresa promueve un negocio que se centra en sus empleados, desarrolla mejoras continuas para la plantilla y fomenta el trabajo en equipo, sin dejar de lado la orientación hacia el beneficio empresarial y el control de costes. En todos los departamentos de la empresa se anima a los empleados a mantener una mentalidad abierta.

A diferencia de muchas empresas de moda, H&M no es propietaria ni controla directamente sus fábricas; prefiere, por el contrario, trabajar con más de setecientos proveedores independientes, situados principalmente en Asia y Europa. H&M cuenta con oficinas de producción local en más de veinte países, cuyos empleados suelen ser nativos del lugar; estas oficinas son la conexión con los fabricantes locales, a quienes asesora directamente.

14 LAS BUENAS VENTAS RESPONDEN A LAS INICIATIVAS DE RSC

H&M siempre protagoniza titulares en los medios, especialmente por lo que se refiere a sus prácticas empresariales. La empresa inaugura constantemente tiendas insignia por todo el planeta y pone a prueba su capacidad para el diseño de puntos de venta y visual merchandising, como podemos observar en esta vista exterior de su tienda en Ginza (Japón) y en el interiorismo de su tienda en Dusseldorf (Alemania).

Las oficinas locales de producción también controlan y gestionan los temas relacionados con la seguridad en el trabajo y el control de calidad, y garantizan que todos los productos tengan un precio de fabricación adecuado. H&M es una empresa experta en moda pronta que ha desarrollado la capacidad de orientar sus productos para adaptarlos a la idiosincrasia de los diferentes mercados en los que se establece.

H&M crea diseños sencillos y modernos que poseen un atractivo global y universal. Por regla general, H&M controla y opera directamente su cadena internacional de puntos de venta, aunque en algunos mercados trabaja con franquicias.

Como sucede con muchas empresas con sede en los países escandinavos, H&M es un acérrimo defensor de la sostenibilidad y, con ella en mente, fomenta muchas iniciativas relacionadas con el medio ambiente en los países con los que comercia; asimismo, se asegura de que los trabajadores de las factorías con las que trabaja reciben un trato justo. A raíz de un incidente que se produjo en su factoría de Camboya en 2012, H&M ha comenzado a trabajar con la Organización Internacional del Trabajo (OIT) para garantizar que los trabajadores de su fábrica camboyana disfruten de buenas condiciones laborales y de empleo.

H&M está cada vez más implicada en las condiciones laborales de las fábricas que le abastecen. Otras iniciativas de tipo social emprendidas por la empresa incluyen una extensa labor de beneficencia; así, por ejemplo, ha conseguido recaudar cuatro millones y medio de dólares gracias a un programa quinquenal de colaboración con UNICEF y ha puesto en marcha un programa de reciclaje textil en sus puntos de venta físicos.

Caso práctico: Hennes & Mauritz (H&M)

Uno de los singulares enfoques de marketing adoptados por H&M consiste en una serie de colaboraciones que, de manera regular, lleva a cabo con diseñadores de moda, famosos y blogueros de moda de nombre internacional. Dos veces al año, un diseñador invitado produce una edición limitada que se comercializa a través de H&M. Estas pequeñas colecciones se ponen a la venta en puntos seleccionados, aunque el alcance y el tamaño de cada una de ellas es un secreto celosamente guardado.

Aunque, a juzgar por las cifras, la venta de estas colecciones representa un porcentaje relativamente pequeño de su facturación total anual, la publicidad gratuita generada por estos lanzamientos de líneas de diseñador es masiva y contribuye a mantener a H&M a la vanguardia de la moda. Las colas que se forman a primera hora de la mañana y las avalanchas para entrar cuando se abren las tiendas incluso han generado episodios de violencia entre los consumidores, desesperados por hacerse con alguna de las piezas a la venta y por adquirir prendas de diseñadores que, de otro modo, no podrían permitirse.

Entre los diseñadores que hasta ahora han colaborado con esta empresa multinacional se cuentan Karl Lagerfeld, Stella McCartney, Viktor & Rolf, Madonna, Roberto Cavalli, Kylie Minogue, Comme des Garçons, Matthew Williamson, Jimmy Choo, Sonia Rykiel, Elin Ling, Versace, Lanvin, Marni, Maison Martin Margiela o David Beckham; asimismo, se rumorea que existen muchos nombres conocidos que preparan futuros lanzamientos.

En cada uno de los países en los que opera H&M, el equipo de compras de la empresa ha demostrado ser muy eficaz a la hora de ofrecer un correcto nivel de moda para sus clientes. Por lo que respecta a la compra de moda, H&M es la empresa internacional que lidera el mercado de moda y está mejor orientada; el atractivo que ofrece al público juvenil de todo el planeta no tiene rival. La sencillez de su gestión y su conocimiento claro y demostrable del consumidor global actual no tienen parangón. Año tras año, la mayor fortaleza de H&M es su gestión de compras, junto con la visión bien definida de sus directivos, que han permitido que la empresa siga expandiéndose y alcance el éxito comercial.

En la actualidad, el grupo H&M ha adquirido y está desarrollando otras empresas de moda de marca, como COS, Monki, Weekday y Monday. Cada una de estas marcas tiene un posicionamiento y oferta de marca concreto y se orienta hacia un público distinto al de H&M, de forma que puede convertirse en el trampolín de una futura expansión internacional del grupo, que también ha abierto tiendas de artículos del hogar para ampliar su mercado. Su inteligente gestión empresarial y sólidas iniciativas de responsabilidad social corporativa, junto con un equipo de compras y merchandising imbatible, han colocado a H&M muy por delante de sus competidores.

H&M es una empresa experta en moda pronta que ha desarrollado la capacidad de orientar sus productos para adaptarlos a la idiosincrasia de los diferentes mercados en los que se establece.

15 LA COLECCIÓN *CONSCIOUS* DE H&M

La actriz Emmy Rossum asiste a la fiesta previa a los Oscar, celebrada en Hollywood (California) y esponsorizada por H&M, con motivo del décimo aniversario de Global Green USA.

15

Resumen del capítulo 5

En este capítulo hemos explorado las tendencias en la compra de moda y comprobado cómo un enfoque que se centra en el consumidor es el elemento fundamental para que tenga éxito la compra de moda. Hemos analizado la naturaleza rápidamente cambiante de la moda de consumo con relación a la veloz y significativa aparición de la moda pronta, un concepto que, hoy en día, es fundamental para muchas de las nuevas empresas de moda.

Hemos examinado el papel que tiene el comprador en las actividades promocionales, como aplicar descuentos sobre el precio, las estrategias de fijación de precios (junto con los merchandisers), la creación de líneas de difusión y las colaboraciones con marcas, que manifiestan el papel instrumental que tiene el comprador al poner a disposición de los consumidores con bajo poder adquisitivo artículos de diseñador de gama alta, lo que supone un fuerte impulso para las ventas. Las acciones publicitarias y de marketing que alcanzan el éxito se basan en el conocimiento detallado del comportamiento del consumidor, en una sólida comunicación con los especialistas de visual merchandising y en el desarrollo de unas relaciones eficaces con la prensa.

Estar al día por lo que respecta a los últimos avances tecnológicos, como los códigos QR, permite que los compradores se mantengan a la vanguardia de sus competidores; asimismo, el comprador siempre debe estar al corriente de las tendencias (como, por ejemplo, la sostenibilidad ambiental), tanto de la industria como del consumo, si quiere seguir a la cabeza del sector.

En el siguiente ejercicio examinaremos la importancia de los grupos de enfoque de la moda en el proceso de compra.

Preguntas y temas de debate

Trabajad en grupos de entre cinco y siete personas. Imaginad que estáis a punto de lanzar al mercado una cadena minorista de calzado joven e innovador en vuestra ciudad, dirigida a consumidores con edades comprendidas entre los quince y los veinticuatro años. Uno de vosotros asumirá el papel de moderador; el ejercicio consiste en planificar y desarrollar una sesión de grupo de enfoque.

Es posible que los compradores no tengan claras las cuestiones relativas a la compra de ciertas categorías clave y deseen aclararlas antes de empezar a desarrollar y comprar la gama. La tarea del grupo de enfoque es ayudarles a entender qué acciones deben seguir mediante el desarrollo de un debate que utilice las preguntas que aparecen más abajo como punto de partida. El ejercicio debe tener una duración máxima de treinta o cuarenta minutos.

1. ¿Cuál debe ser el equilibrio en el punto de venta entre zapatos de estilo formal y casual?

2. ¿Qué entiende el grupo de enfoque por "formal" y "casual"? ¿Podéis especificar a qué asociáis estos términos?

3. ¿Existe alguna marca de zapatos imprescindible que deba incluirse en la gama de apertura?

4. ¿Qué tipos o marcas de calzado no se encuentran en las tiendas que tiene la competencia en la zona o en la ciudad?

5. ¿Hay otros aspectos que el grupo de enfoque crea que el comprador debería conocer con relación a la posible gama que se va a desarrollar?

Ejercicio

1. Distribuye los asientos para que el grupo pueda sentarse en corro y debatir las cuestiones apuntadas en este ejercicio.

2. Debe designarse a una persona para que tome notas o, idealmente, para que grabe la conversación con un teléfono móvil, lo que permitirá analizarla con precisión a posteriori.

3. El moderador del grupo de enfoque deberá partir de la lista de preguntas y procurar que participe todo el mundo. Aunque pronto se verá que hay personas con puntos de vista extremos, inviables o irrelevantes, debe prestarse atención a todos los participantes.

4. El moderador debe llevar el control del grupo y mantener la atención de todos los participantes centrada en el asunto a debatir. La gente tiende a desviarse del tema a medida que exponen su opinión; por lo tanto, cuando esto suceda es importante centrar el tema del debate.

5. Al finalizar el debate, todos deben revisar las notas que hayan tomado y redactar una nota breve en grupo, introducida por viñetas, que informe al comprador de las principales conclusiones a las que ha llegado el grupo. Muchas de las opiniones serán irrelevantes o triviales; resulta sorprendente lo que se puede llegar a averiguar en un debate con un grupo de consumidores-objetivo.

CONCLUSIÓN

La compra de moda es una tarea importante, definida por un sector en expansión y evolución constante. Cada minorista contrata, instruye, guía y contribuye al desarrollo de los individuos que forman sus equipos, con la esperanza de que, a cambio, el consumidor reconozca sus líneas como un producto vanguardista e imprescindible, con capacidad para generar beneficios empresariales.

El papel del comprador, como hemos visto a lo largo del libro, es muy riguroso, y a menudo conlleva largas reuniones, muchas horas de viaje y extenuantes fechas límite que mantienen al comprador en movimiento constante. La gestión del tiempo es fundamental, ya que un comprador deberá tratar varios asuntos al mismo tiempo. El desarrollo de unas sólidas relaciones con el resto de la plantilla de la empresa puede contribuir a aliviar el estrés inherente a esta profesión.

El socio profesional más sólido de un comprador siempre será su merchandiser, que le ayudará a desarrollar la planificación de stock desde el principio hasta las entregas en los puntos de venta. Estos dos profesionales desarrollarán estrategias de compra y asignación que permitirán que sus tiendas maximicen las ventas gracias a la rapidez de entrega y de reposición de mercancías y, lo que es más importante, crear una diferenciación de marca para el minorista.

Cuando los compradores trabajen con proveedores, nuevos o existentes, fomentarán unas relaciones empresariales externas que también contribuirán a reforzar su posición. Gracias a los diversos avances tecnológicos en comunicación y logística, los compradores tienen la posibilidad de comunicarse directamente con los agentes de abastecimiento de todo el planeta, evitando así que surjan problemas relativos al riesgo de la gama antes de empezar a desarrollar las líneas. La única vía para que el comprador mantenga su puesto de trabajo y se gane el respeto como miembro de un equipo mientras siga en el sector consiste en mantener unas relaciones profesionales que respondan al interés de su empresa.

En la última parte del libro hemos explorado las tendencias emergentes en el sector minorista y cómo estas afectan al comprador, tanto positiva como negativamente. Estas tendencias, que en ocasiones acaban convirtiéndose en normas para el sector, permiten que el comprador conozca mejor su mercado de consumo mientras desarrolla su labor de captación de nuevos consumidores para el minorista de éxito.

Ser consciente de las partes implicadas en la empresa minorista para la que trabaja permitirá que el comprador sopese aquellas decisiones que deba tomar y el impacto que estas ejercerán sobre la firma, los consumidores, los proveedores y, en última instancia, sobre sí mismo.

El concepto de responsabilidad social corporativa se ha convertido en una práctica fundamental para una economía global en rápida expansión. Conocer las iniciativas tanto de su empresa como del resto de las partes implicadas mantendrá bien informado al comprador de moda a medida que avanza hacia sus objetivos de beneficio y sus gamas evolucionan desde la predicción de tendencias hasta el punto de venta.

Esperamos que hayáis disfrutado leyendo este libro y que os sirva de ayuda en vuestro camino hacia una exitosa carrera profesional en la compra de moda.

APÉNDICE

1 PRIMAVERA/VERANO
2010

La colección de prêt-à-porter
femenino de Phillip Lim
combina la elegancia de los
años treinta con esculturales
tacones que añaden un toque
contemporáneo a esta célebre
silueta.

1

Glosario

Aunque son solo algunos los compradores que conocen los aspectos legales o semilegales que se mencionan a continuación, todos deberían poseer conocimientos a nivel profesional que les permitan determinar cuándo se necesita asesoramiento jurídico. En general, la copia y las infracciones relativas al diseño se han convertido en un tema candente en la compra de moda, pues las marcas y los diseñadores (como sucede con la sociedad en general) se embarcan en litigios cada vez con más frecuencia. Los compradores deben hacer todo lo que esté en su mano para cerciorarse de que los diseños seleccionados no sean copias directas o encubiertas (en ocasiones llamadas *falsificaciones*).

Cadena de abastecimiento
Conjunto de empresas que fabrican y distribuyen artículos y/o servicios a los consumidores, en el que se incluyen fabricantes, proveedores, mayoristas, minoristas y consumidores.

Comercio electrónico
Sector que comercializa productos o servicios a través de los medios electrónicos, como Internet u otras redes electrónicas.

Devolución al vendedor (RTV)
Término utilizado en las oficinas de compra para referirse a aquellos artículos que han sido seleccionados para devolverse al vendedor por mala calidad, poca venta o por cualquier otro motivo que se estime oportuno.

Diseño
Aspecto singular de un producto de moda, en el que el diseño, la estética o la belleza natural se aplican a prendas o accesorios para diferenciarlos de otros.

Estándares de producto nacionales e internacionales
Ciertas prendas, especialmente las diseñadas para niños pequeños, deben cumplir unas rigurosas medidas de seguridad a nivel nacional y/o internacional, como, por ejemplo, las relativas a la inflamabilidad de los pijamas infantiles.

Falsificación
Copia deliberada de artículos de marca con la intención de hacerla pasar por el artículo genuino.

Indicadores clave de desempeño (KPI)
Conjunto de criterios establecidos por una organización para medir el rendimiento. Los indicadores clave de desempeño pueden basarse en datos de ventas, información sobre el mercado de consumo, etcétera, y establecen un nivel estándar de rendimiento.

Investigación cualitativa
Investigación que recopila información a partir del comportamiento humano y de la repuesta a estímulos sensoriales. La información suele recopilarse a través de la observación participante, la observación no participante, el estudio de casos prácticos y los datos etnográficos.

Investigación cuantitativa
Investigación que analiza diversos modelos matemáticos y datos estadísticos con el fin de formular una hipótesis o teoría.

Licencia
Acuerdo legal según el cual se cede a un tercero la fabricación o comercialización de una marca de moda, marca registrada, diseño o patente, contra las que no pueden emprenderse acciones legales.

Marca de fabricante
Artículos producidos por un fabricante y distribuidos a través de minoristas, que adquieren el producto al por mayor y lo redistribuyen a sus clientes finales. Las marcas de fabricante pueden distribuirse tanto en mercados nacionales como internacionales.

Marca genérica (marca de distribuidor, marca privada o marca blanca)
Marcas producidas por un fabricante y distribuidas a través de sus puntos de venta. Estas marcas no suelen ofrecerse para que las comercialicen otros minoristas.

Marca registrada

Signo o indicador distintivo, único y, por regla general, registrado, que sirve al consumidor para identificar de qué empresa proviene determinado producto o servicio de moda.

Merchandising

Término utilizado para definir la promoción de artículos comercializados por los minoristas y/o la asignación de artículos a los puntos de venta minorista basándose en las necesidades del consumidor o las tendencias de moda. El profesional que realiza estos servicios en representación del minorista se denomina *merchandiser*.

Nombre de marca

Nombre, término, diseño, símbolo o cualquier otra característica registrada que identifica el producto de un vendedor, diferenciándolo del resto.

Partes interesadas

Individuos a quienes les afecten directamente las acciones emprendidas por una empresa, o que puedan verse afectados por ellas de manera positiva o negativa.

Patente

Producto, proceso o tratamiento novedoso o inventivo cuya propiedad intelectual está protegida en una o más jurisdicciones.

Responsabilidad social corporativa

Código deontológico voluntario, desarrollado por las empresas a nivel individual, que define su postura sobre cuestiones éticas y medioambientales en sus negociaciones con todas las partes implicadas en su actividad empresarial.

Secreto comercial

Información sensible relacionada con la competencia empresarial o con la forma de llevar a cabo negocios que no puede ser revelada o expuesta abiertamente.

Segmento demográfico de consumidores

Está formado por los elementos que definen el perfil del cliente de la empresa, determinados por la etnia, el nivel de ingresos, la edad y la educación. Los segmentos demográficos de consumidores son datos cuantificables que suelen utilizarse en marketing.

Tienda física

Punto de venta físico en el que un minorista o mayorista vende sus productos o servicios a los consumidores.

Unidad de referencia de almacén (SKU)

Expresión que designa el método por el que un proveedor gestiona el inventario de sus productos y servicios. A cada artículo que se pone a la venta se le asigna un SKU exclusivo, que ofrece información sobre su división, clase, origen, temporada, precio, composición, talla, color, etcétera, y que permite que el minorista pueda rastrear el artículo a efectos de inventariado de la mercancía.

Visual merchandising

Expresión utilizada para definir la promoción de los artículos comercializados por un minorista mediante el uso de técnicas de display, que incluyen el posicionamiento del producto, la disposición del lineal y el diseño ambiental (mediante el diseño visual y las técnicas aplicadas). El profesional que provee estos servicios se denomina *visual merchandiser*.

Recursos del sector

Los compradores de moda, como todos nosotros, exploran sus sitios web de moda favoritos durante sus momentos de ocio; no obstante, en un contexto empresarial, tienden a utilizar servicios de información profesionales. Aunque los mejores servicios son de suscripción, existen muchas páginas web de moda y estilismo enfocadas al consumidor. Desde el punto de vista profesional o del consumidor, muchas de estas páginas ofrecen información y enfoques variados, por lo que, a menudo, son difíciles de categorizar.

Agencias de predicción de tendencias

Los compradores de moda suelen utilizar los servicios de sus diseñadores y de las agencias de predicción de tendencias para dar sentido a la avalancha de datos, información y acontecimientos a la que deben enfrentarse. En la historia de la moda, nunca nos habíamos enfrentado a tanta cantidad de información (tendencia que, según parece, seguirá aumentando en el futuro).

Cool Hunting Magazine
Revista de predicción de tendencias en castellano.

magazine.coolhunting.pro

Doneger Group
Agencia de predicción de tendencias con sede en Nueva York.

www.doneger.com

Pantone
Autoridad internacional sobre el color que ofrece estándares para el uso del mismo, desde el diseño hasta la fabricación. Pantone también elabora predicciones de color de temporada para muchos sectores industriales.

pantone.com

Promostyl
Esta agencia con sede en Francia desarrolla una serie de libros de tendencias, diseñados para anticipar las tendencias en curso en diseño, moda y marketing, lo que proporciona a sus clientes una ventaja estratégica en el mercado. Promostyl también ofrece servicios de consultoría en todas las fases del diseño de producto, colecciones y gamas.

promostyl.com

Stylesight
Otra fuente importante de información y tendencias, con sede en el Reino Unido (de pago).

stylesight.com/en/home

Trendland
Página web que ofrece interesante información sobre tendencias en la moda y el diseño.

trendland.com

Trendwatching
Agencia de predicción de tendencias con versión en castellano que ofrece información útil en venta minorista y moda.

trendwatching.com/es/trends/

Worth Global Style Network (WGSN)
Servicio de tendencias con sede en el Reino Unido que ofrece, posiblemente, el mayor abanico de servicios *online* relacionados con la moda.

wgsn.com

**Servicios gratuitos y de suscripción
para el público en general**

Existen muchos blogs y páginas web
que ofrecen información sobre moda
de manera gratuita y que vale la pena
visitar, como los que citamos aquí:

Apparel Search

Sitio web sobre servicios de predicción
de tendencias con sede en Estados
Unidos.

apparelsearch.com/index.htm

Awwwards

Página web dedicada a la creatividad
del diseño en moda.

awwwards.com/50-fashion-websites.
html

Drapers

Sitio web de la revista de moda
Drapers, enfocada a la industria del
Reino Unido.

info.drapersonline.com

Fashionista

Blog *online* de noticias de moda.

fashionista.com

FJobs

Sitio web que promociona puestos de
trabajo en el sector internacional
de la moda, así como novedades
e información sobre la industria.

fashionjobs.com

Style Careers

Una de las páginas web más prestigiosas para
anunciar puestos de trabajo dentro del ámbito
de la moda internacional.

stylecareers.com

Talisman Fashion

Agencia internacional de recursos humanos
que se centra en el sector de la moda.

talismanfashion.com

uk.fashionmag.com

Sitio web dedicado a las noticias sobre moda
en el Reino Unido.

uk.fashionmag.com/news/list/Retail,15.html

Visual Merchandising/Store Design (VMSD)

Sitio web enfocado al diseño de tiendas y el
visual merchandising. VMSD también ofrece
actualizaciones sobre la industria y presenta
nuevas tecnologías y estrategias de
merchandising.

vmsd.com

Women's Wear Daily (WWD)

Sitio web de la revista del sector de la moda
Women's Wear Daily.

wwd.com

Índice de nombres y materias

Índice de nombres y materias

Agradecimientos y créditos fotográficos

Agradecimientos especiales:

De David Shaw
Quisiera dar las gracias a las siguientes
personas por la ayuda que me han prestado
a la hora de elaborar este libro, así como a mis
colegas, alumnos y amigos del Dublin Institute
of Technology, del London College of Fashion
y de la London Metropolitan University: Simon
Clark, Lucy Hailey, Judy Head, Stephen Henley,
Janet Holbrook, Matthew Jeatt, Bob Jolley,
Louise Koser, June Lawlor, Dids Macdonald y
Liam O'Farrell. Asimismo, quiero dar las gracias
a mi editora, Colette Meacher, por los ánimos y
la ayuda prestada, así como por su maravillosa
dedicación y apoyo como parte del equipo de
Bloomsbury. Gracias también a Nigel y Dimitri
por participar en el proyecto.

De Dimitri Koumbis
Quiero expresar mi profundo agradecimiento
a Amanda Lovell, directora de moda del Art
Institute of New York City, por depositar su
confianza en mí como nuevo docente, lo que me
ha permitido conocer a gente increíble que
me ha ayudado a llevar este libro a buen puerto;
a Georgia Kennedy, David Shaw y,
especialmente, a Colette Meacher y Nigel
Truswell, por su paciencia conmigo durante el
breve período en que participé en este proyecto.
Mi agradecimiento especial va para la familia
Ragland y la familia Koumbis, que han sido
maravillosos conmigo durante mis años de
formación y mi carrera profesional. Tate,
felicidades por los diez años que llevamos
juntos, sin ti a mi lado nada de esto hubiera
sido posible.